HESSE LECTURES

1. Auflage 2016

Fotos von Robert Walser: Robert Walser-Archiv, Bern/Carl Seelig-Stiftung, Zürich
Fotos von Hermann Hesse: Hesse Editionsarchiv/Volker Michels, Offenbach

www.editionfaust.de

Lektorat: Regine Strotbek
Gestaltung: Bayerl & Ost
Druck: druckhaus köthen, Köthen (Anhalt)
Printed in Germany
ISBN 978-3-945400-24-1

VOLKER MICHELS

HERMANN HESSE UND ROBERT WALSER

»Ich halte Genauigkeit für poetisch«

editionfaust

Hermann Hesse, 1926

Robert Walser, 1909

Inhalt

Der 21-jährige Robert Walser, 1899

»Man muss in der Genügsamkeit Künstler sein«
Über den Dichter Robert Walser

In der Schweiz, die ja schon damals allenfalls landschaftlich ein Märchenland war, ist am 15. April 1878 ein Dichter zur Welt gekommen, dessen Leben und Schaffen uns heute wie ein Märchen vorkommen. Denn »Robert Walser gehört zu den Dichtern, bei denen es schwerfällt, sich vorzustellen, dass sie wirklich gelebt haben«, bemerkte sein Namensvetter, der Schriftsteller Martin Walser, der übrigens nicht mit ihm verwandt ist. Als Sohn einer halb verwaisen Pächterstochter aus dem Emmental und eines gutmütigen, also wenig geschäftstüchtigen Buchbinders, der als Kaufmann mit Haushalts- und Spielwaren handelte, ist Robert Walser als jüngster Sohn unter acht Geschwistern in Biel geboren und aufgewachsen. Das Gymnasium musste er schon mit 14 Jahren verlassen, weil sein Vater das Schulgeld nicht mehr aufzubringen vermochte und ihn stattdessen eine dreijährige Banklehre antre-

Der Vater Adolf Walser (1833-1914)

Die Mutter Elisa Walser (1839-1894)

ten ließ. Nach dem frühen Tod seiner ehrgeizigen, doch über der Erfolglosigkeit ihres Mannes schwermütig gewordenen Mutter, die bereits mit 55 Jahren starb, zog Robert zu seinem ein Jahr älteren Lieblingsbruder Karl nach Stuttgart, der dort eine Lehre als Kulissenmaler für das Hoftheater absolvierte und ihn in seine Wohnung aufnahm. Das Theatermilieu hatte Robert schon seit seiner Schulzeit in Biel so imponiert, dass er davon zu träumen begann, Schauspieler zu werden, bis er sich nach einer Sprechprobe als hoffnungslos untalentiert abgewiesen sah. Doch fing er früh an zu lesen, weil, so erinnert er sich später, »mich das Leben verneinte, die Lektüre aber die Güte besaß, zu meinen Neigungen, zu meinem

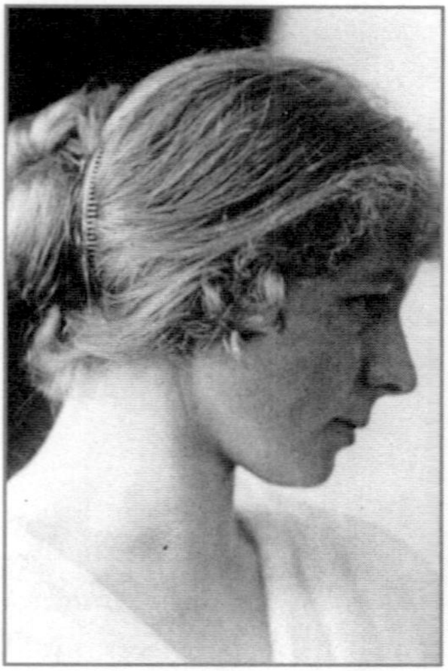
Die Schwester Lisa Walser (1874-1944)

Der Bruder Karl Walser (1877-1943)

Charakter ja zu sagen«. So blieb ihm nichts übrig, als seinen Lebensunterhalt als Angestellter zu verdienen, zunächst in der Inseratenabteilung eines Stuttgarter Verlages und ein halbes Jahr später, nach seiner Rückkehr in die Schweiz, als Buchhalter einer Versicherung in Zürich. Damals, kaum 20-jährig, entstanden seine ersten Gedichte. Er fasste sich ein Herz, sandte sie der Berner Tageszeitung »Der Bund« und hatte Glück. Denn sie landeten bei einem instinktsicheren Leser, dem für das Feuilleton zuständigen Schriftsteller Josef Viktor Widmann. Der erkannte trotz mancher Ungeschicklichkeiten das Urwüchsige und Eigenständige ihrer Ausdrucksweise und veröffentlichte mit einem freundlichen

Kommentar sechs von den 40 eingesandten Talentproben unter dem Titel »Lyrische Erstlinge« in der Sonntagsbeilage der Berner Zeitung. Er sei, erinnert sich Walser später, »vor Vergnügen darüber fast verrückt geworden«, trugen sie ihm doch kurz darauf den Beifall des umtriebigen und einflussreichen Literaten Franz Blei ein, der ihn mit dem exklusiven Autorenkreis der neugegründeten Literaturzeitschrift »Die Insel« in Verbindung brachte, aus der 1901 der Leipziger Insel Verlag hervorgegangen ist. Walsers Verse seien »richtige Gedichte von innen her«. Nirgends dirigiere der Reim den Sinn, bemerkte Franz Blei, denn hier werde die »Poesie nicht der Musik, die Sprache dem Rhythmus, das Wort dem Melos geopfert«. Man habe den Eindruck, »als ob dieser junge Mensch nur so vom Hörensagen wisse, dass es Gedichte gebe, und als ob er zusammen mit dem Lied auch das Instrument erfunden hätte, worauf es zu spielen sei«.

Leben konnte man von solchen Gebilden natürlich nicht, aber die Hebung des Selbstwertes durch die Anerkennung kompetenter Leute vom Fach motivierte Robert Walser dazu, weitere Schritte auf diesem Weg zu wagen. Zehn Jahre lang versuchte er sich nun als Angestellter in Fabriken und Banken und, wenn es sein musste, auch in einer Schreibstube für Stellenlose oder als Hausbursche durchzuschlagen, in Jobs und Ämtern, die er von sich aus immer wieder kündigte, um zwischendurch schreiben zu können. Das tat er, erinnert er sich in einem seiner Lebensläufe, »offenbar in dem Glauben, die Kunst sei etwas Großes, Dichten war ihm in der Tat beinahe heilig. Waren die Ersparnisse aufgezehrt, so bewarb er sich jeweilen wieder um ein passendes Engagement und kam auf diese Weise in die Städte Thun und Solothurn, wo es ihm ungemein behagte.«

1904 endlich konnte im Insel Verlag sein erstes Buch »Fritz Kochers Aufsätze« erscheinen, eine mit zauberhaften Federzeichnungen seines Bruders Karl Walser ausgestattete bibliophile Kostbarkeit. Die Auflage des 130 Seiten umfassenden Bändchens betrug 1200 Exemplare, von denen damals nur 47 abgesetzt werden konnten und auch künftig so wenige, dass der Rest in einem Berliner Warenhaus verramscht werden musste.

Doch statt sich von diesem Misserfolg entmutigen zu lassen, versucht er sich nun erst recht auf dem eingeschlagenen Weg zu behaupten und übersiedelt 1905 ins Zentrum des damaligen Kulturbetriebs nach Berlin. Dort hatte sich zwei Jahre zuvor sein mittlerweile als Bühnenbildner bei Max Reinhardt berühmt gewordener Bruder Karl niedergelassen. Mit Künstlern wie Max Liebermann, Max Slevogt und Lovis Corinth war Karl Walser inzwischen als Mitglied der Berliner Secession so bekannt, dass er als vielbeschäftigter Maler die Villen prominenter Zeitgenossen wie die Walther Rathenaus und des Verlegers Samuel Fischer mit Wandmalereien ausstatten konnte. Auch in Berlin nahm er den jüngeren Bruder in seine Dreizimmerwohnung auf, und die guten Beziehungen als Illustrator von Büchern des Verlages von Bruno Cassirer trugen dazu bei, den Weg für Robert Walsers nächste Veröffentlichungen zu öffnen. Innerhalb von knapp sechs Wochen entstand in Berlin sein erster Roman »Geschwister Tanner«, wobei er das Glück hatte, in dem Dichterkollegen Christian Morgenstern, der damals als Lektor im Verlag Bruno

Einige Erstausgaben von Robert Walsers Büchern, ausgestatteten von seinem Bruder Karl

Aufsätze
von
Robert Walser
Leipzig
Kurt Wolff Verlag
1913

Geschichten
von
Robert Walser
mit Zeichnungen von Karl Walser

Kleine Dichtungen
von
Robert Walser

Robert Walser
Die Rose
Ernst Rowohlt Verlag

Die Trittligasse in der Züricher Altstadt, wo 1901 Walsers erstes Buch »Fritz Kochers Aufsätze« entstand

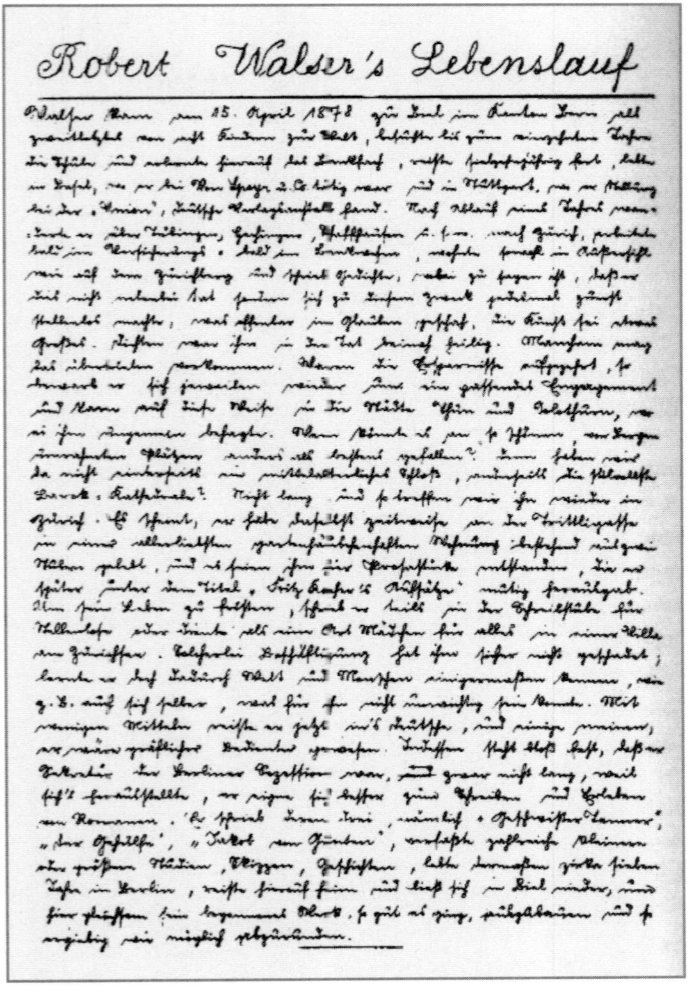
Robert Walser's Lebenslauf

Handgeschriebener Lebenslauf von Robert Walser, 1920

Cassirers arbeitete, einen leidenschaftlichen Förderer seines Sprachtalents zu finden.

Seinen Lebensunterhalt verdiente der damals 27-jährige Walser als Buchhalter und Sekretär der Berliner Secession. Wie bereits »Fritz Kochers Aufsätze« sind Robert Walsers Romane und fast alle seine künftig erscheinenden Bücher von seinem zu Lebzeiten prominenteren Bruder ausgestattet und teilweise illustriert worden. So auch sein im Februar 1907 bei Bruno Cassirer veröffentlichter Roman »Geschwister Tanner«. Es ist, ähnlich wie Thomas Manns »Buddenbrooks«, die nur geringfügig verfremdete Geschichte seiner eigenen Familie. Wie Walser selbst ist Simon Tanner, der Held der Erzählung, besessen von einem unbändigen Freiheitsdrang, der ihn in erhebliche Konflikte bringt mit der Welt der Konventionen und Angepassten. Er provoziert und verunsichert sie durch das, was sie verloren haben, durch Phantasie, Humor und eine Aufgeschlossenheit für alles urwüchsig Reizvolle in der Natur. Das zeigen die zauberhaften und eindrücklichen Schilderungen seiner Schweizer Heimat und ihrer Menschen. Mit leichtem Gepäck und offenen, unbestechlichen Augen wandert dieser moderne Taugenichts durch die Welt, und »am Ende wird nichts aus ihm als das Vergnügen des Lesers« (Franz Kafka).

Aber es gab auch ganz andere Leser. Den mondäneren unter ihnen, wie dem Industriellen Walther Rathenau, schien das Schweizerische, gemessen an Walsers Talenten, zu provinziell, was ihn auf die Idee brachte, dem Dichter eine Stelle auf der Pazifikinsel Samoa vermitteln zu wollen, und den Verleger Samuel Fischer, ihm eine Reise nach Polen und in die Türkei für eine Buchreportage zu finanzieren. Auch Walsers eigener Verleger Bruno Cassirer soll ihm einen Scheck für eine mehrmonatige Reise nach Indien angeboten haben. Darauf konnte der nur entgegnen: »Was brauchen Schriftsteller zu reisen, solange sie Phantasie haben [...] Geht denn die Natur ins Ausland? Wandern Bäume, um sich anderswo grünere Blätter anzuschaffen und dann heimzukommen und sich prahlend zu zeigen?« Schon Berlin war diesem Dichter offenbar »Welt« genug. Hier »werde ich zu meinem wahrhaften Vergnügen, in kürzerer oder längerer Zeit erfahren, was die Welt von mir will und was meinerseits ich selber von ihr zu wollen habe«, schrieb er damals.

Das Vergnügen hielt sich in Grenzen. Aber zunächst ließ es sich vielversprechend an in Berlin. »Geschwister Tanner« erlebte bereits ein Jahr nach Erscheinen eine zweite, doch dann für lange Zeit letzte Auflage. Obwohl seinem Verleger das Buch zu weitschweifig und langweilig vorkam, gewährte er seinem Autor monatliche Vorschüsse für weitere Arbeiten, und bereits im Juni/Juli 1907 vollendete Walser seinen nächsten Roman »Der Gehülfe«, der im Frühjahr 1908 erschien. Er schildert die Erlebnisse des Kontoristen Joseph Marti, der, wie Walser selbst, 1903 ein halbes Jahr als Sekretär und Buchhalter bei einem exzentrischen, über seine Verhältnisse lebenden Ingenieur, Erfinder und Bankrotteur in einer Gemeinde am Zürichsee beschäftigt war. Dabei wurde er zum Zeugen des Niedergangs einer bürgerlichen Familie und ihrer in Auflösung begriffenen Villa. Wie sein Held Joseph Marti musste auch Robert Walser den Niedergang einer von kommerzieller Spekulation abhängenden Existenz erleben. Dennoch gelingt es seiner weitherzigen Einfühlungsgabe, dem Debakel Glanzlichter abzugewinnen und dabei auch dem scheiternden Hochstapler gerecht zu werden.

Mit drei Auflagen von jeweils 1000 Exemplaren war es der erfolgreichste von Robert Walsers drei frühen Romanen. Denn sein nächster, 1909 mit dem Titel »Jakob von Gunten« erschienen, blieb in der ersten Auflage stecken, was Bruno Cassirer dazu veranlasste, sich Robert Walsers künftiger Produktion zu verweigern. Auch diese mit dem Untertitel »Ein Tagebuch« versehene Geschichte geht wieder zurück auf ein authentisches Erlebnis. 1905, in seinem ersten Berliner Jahr, hatte Walser eine Dienerschule besucht und war danach zwei Monate Lakai auf dem oberschlesischen Schloss des Grafen Konrad von Hochberg. Dort hatte er Säle zu reinigen, Öfen zu heizen, Lampen zu putzen, Teppiche zu klopfen, Silber zu polieren und in galantem Frack als Monsieur Robert das Essen zu servieren. Aber der Schauplatz in dieser Schilderung ist weder das Schloss noch die Dienerschule, sondern ein etwas rätselhaftes Berliner Internat, in dem die Schüler »wenig, aber gründlich lernen«. Es ist »der Entwicklungsroman einer verhinderten Entwicklung«. Denn »was Jakob für das Leben ausrüsten soll, entzieht ihn dem Leben. Hoffnungslosigkeit ist das Prinzip dieses Erziehungsromans. [...] Hier stimmt zum ersten Mal einer der Gegenwart zu, wie sie ist: und wir erkennen, wie furchtbar sie ist.« (Martin Walser)

Diese Hoffnungslosigkeit mag dazu beigetragen haben, dass dieser Roman, der heute als sein bedeutendster gilt, beim breiteren Publikum weniger Anklang fand als seine Vorgänger. Die Folgen waren einschneidend. Denn für die nächsten

Romane »Tobold« und »Theodor« verlor Robert Walser seinen Verleger und musste damit anderswo hausieren gehen. Vergeblich – bis die Manuskripte eines Tages verschwanden und bis heute nicht wieder aufgetaucht sind. Mit dieser Enttäuschung war Berlin für ihn erledigt. Unter dem Titel »Bedenkliches« vermerkt er 1910: »Wie doch die Menschen einander das Leben unklar und schwer machen. Wie sie einander herabsetzen, zu verdächtigen und zu verunehren bestrebt sind [...] Immer ist der Nebenmensch nur ein Stein im Weg, immer ist die eigene Person das Beste und Höchste [...] Und wie sie nie ermüden zu nörgeln, wie sie nie auf den einfachen Einfall kommen, zu hoffen, es gebe Großes, Gutes und Redliches auf der Erde [...] Immer reden, reden und reden sie, und sinken doch gerade dadurch immer tiefer [...] denn nur das Tun ist fein; das Gerede ist finster und unsauber wie die Hölle.«

Ernüchtert kehrte der inzwischen 35-Jährige im März 1913 mit einer Barschaft von 100 Franken nach acht turbulenten Berliner Jahren wieder in die Heimat zurück, zunächst zu seiner Lieblingsschwester, der Grundschullehrerin Lisa Walser, in den Schweizer Jura und danach zum Ort seiner Herkunft, nach Biel.

Doch immerhin war Robert Walser unter den Kennern und Redakteuren der tonangebenden Zeitschriften und Zeitungen inzwischen so bekannt, dass sie ihre Feuilleton-Beilagen gerne mit kürzeren Texten von ihm schmückten. Um seinen Lebensunterhalt zu bestreiten, hat er für sie in der Folge mehr als 2000 solcher Beiträge verfasst, Geschichten, Aufsätze, Arabesken, Plaudereien, Phantasien, Skizzen,

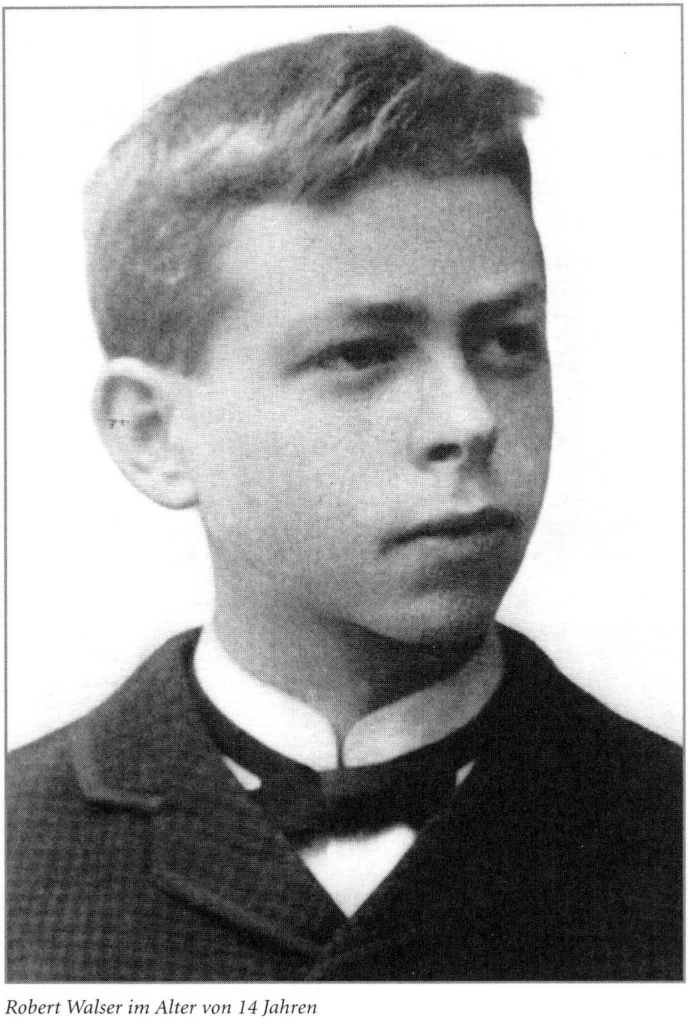

Robert Walser im Alter von 14 Jahren

Robert Walser, 1905

Glossen, Märchen, Anekdoten und Betrachtungen. Ein Bruchteil davon fand später, in reizvollen Sammelbänden gebündelt, auch wieder Verleger, wenn auch keinen Stammverlag, der bereit gewesen wäre, sein ganzes Schaffen zu betreuen. Mochte er sich auch noch so sehr einreden: »Ich dachte, es sei total egal, wo ein Autor verlege, wenn er nur Eier lege.« Aber mit dem Produzieren allein war es nicht getan. Denn Schriftsteller seines Kalibers brauchen Verleger wie Samuel Fischer oder Siegfried Unseld, deren Ehrgeiz es war, nicht Bücher, sondern Autoren zu verlegen. So erschienen Walsers künftige Werke verstreut an unterschiedlichster Stelle unter Titeln wie »Aufsätze« (1912), »Geschichten« (1913), »Kleine Dichtungen« (1914) im renommierten Leipziger Verlag von Kurt Wolff, »Der Spaziergang« und »Poetenleben« 1917 und 1918 im Schweizer Verlag Huber in Frauenfeld, »Kleine Prosa« 1917 im Berner Francke Verlag, »Seeland« 1920 bei Rascher in Zürich und schließlich »Die Rose«, seine letzte Publikation kleiner Prosa, im Berliner Rowohlt Verlag. Sie fanden ein positives Echo, insbesondere bei seinen Schriftstellerkollegen. So rühmte der Dichter Oskar Loerke die Geschichten in Walsers Sammelband »Poetenleben« folgendermaßen: »Mit Dingen, die niemand sonst des Berichtens für würdig hielte, fesselt, bezaubert, ergreift er [...] mit einer Naivität von so starker Natur, dass sie noch nach der Zertrümmerung durch das Bewusstsein sich so sicher und völlig darstellt, als wäre sie Natur.« Das Buch erschien mitten im Ersten Weltkrieg und war dem Zeitgeist derartig entgegengesetzt, dass Hermann Hesse es in der »Neuen Zürcher Zeitung« mit folgenden Worten empfahl: »Wenn solche Dichter wie Walser zu den ›führenden Geistern‹ gehören würden, so gäbe es keinen Krieg. Wenn er hunderttausend Leser hätte, wäre die Welt besser. Sie ist, sei sie, wie sie wolle, gerechtfertigt dadurch, dass es Leute wie den Walser gibt.«

Im Dienstbotentrakt, einer Dachmansarde, des fünfstöckigen Bieler Hotels »Blaues Kreuz« scheint sich der Heimgekehrte so wohl gefühlt zu haben, dass er, der als Stadtnomade in Zürich, Berlin und später in Bern insgesamt etwa 50 verschiedene Quartiere bewohnt hat, es hier immerhin sieben Jahre lang aushielt. Der mäßige Preis von monatlich 100 Franken für Kost und Logis mag dazu beigetragen haben, wenn auch seine »Palastmansarde« mit, wie er sagt, einem »bemerkenswerten Mangel an Mobiliar« ausgestattet war: nur mit einem Tisch, Stuhl und Bett. Mit dem ihm eigenen Galgenhumor schrieb er damals: »Aus Erfahrung kann ich sagen, dass Dichter, sowohl lyrische wie epische und dramatische ihre philosophischen Stuben recht selten einheizen. Wenn man im Sommer schwitzt, so darf man doch wohl im Winter zur Abwechslung ein wenig frieren [...] und sich talentvoll sowohl in die Hitze wie in die Kälte schicken. Sollte ihnen beim Sitzen und Schreiben Beine, Arme und Hände vor Kälte steif werden, so brauchen sie ja nur eine Zeit lang mit erwärmendem Atem an die Finger zu hauchen, oder sie können, um die abhanden gekommene Gliedergelenkigkeit wiederherzustellen, vom Stuhl aufstehen und die eine oder andere Körperbewegung ausführen, und alsbald wird sich das genügende Quantum Wärme von selber einfinden [...] Im übrigen vermögen Schaffensenergie, gute Gedanken, fröhliche Einfälle und der feurige dichterische Entschluss ganz gewiss und zu jeder Zeit einen glühenden Ofen fast vollständig zu ersetzen.« Was Sparsamkeit betreffe, sagt er, gleiche er einer Feldmaus, und selbst ein Sperling habe mehr Aussicht, wohlhabend zu werden. In der Tat passten Walsers Habseligkeiten in einen einzigen Koffer, ideal für seine künftig so zahlreichen Wohnungswechsel.

In merkwürdigem Gegensatz zu diesen beengten Verhältnissen sind die nach den Berliner Enttäuschungen in Biel entstandenen Dichtungen wohl seine unbeschwertesten, heitersten und schönsten. Ausgedehnte Wanderungen lieferten ihm den Stoff, um scheinbar belanglose und übersehene Dinge festzuhalten. Denn jemand, der viel zu sagen hat, kann aufregende Handlungen und weltbewegende Vorgänge entbehren. »Ich pflegte«, schrieb er damals, »einen vertraulichen Umgang mit allem, was kein Mensch merkt [...] Ich lebe wieder auf [...] weil ich sehe, dass das Leben schön ist. Zuweilen ist's mir, als möchte ich die Welt, die ganze Welt umarmen und ans frohe Herz drücken. Ich schwärme! und bin von Herzen froh, dass ich es noch kann. [...] Was macht die Hauptstadt mit ihren heftigen Energien? Ich bin ungemein energisch im Gehenlassen und Nichtstun [...] Sie rennen sich doch nur die Köpfe an Mauern wund mit ihrem ewigen Großes-Verrichten Wollen [...] Vergangenheit und Zukunft und die reizende Gegenwart lagen wie zu meinen Füßen, das Land wurde dicht vor mir lebendig, und mich dünkte, ich könne das menschliche Treiben, das ganze Menschenleben mit Händen greifen, so lebhaft sah ich es. Ein Bild löste das andre ab, und die Einfälle spielten miteinander, wie glückli-

Hotel »Blaues Kreuz« in Biel, wo Walser von 1913 bis 1920 lebte

che anmutige Kinder. [...] Wolken sind meine Lieblinge. Sie wirken so gesellig, wie gute stille Kameraden. Gleich wird der Himmel durch sie bewegter und menschlicher.« Die alltäglichen Dinge, wie er sie nun im Wechsel der Tages- und Jahreszeiten bei seinen Ausflügen in die Umgebung seiner Heimat am Bieler See erlebte, waren ihm ergiebig genug, um daraus poetische Funken zu schlagen, doch immer in dem Bewusstsein, »dass wir der Natur gegenüber doch stets Stümper sind« und ihr allenfalls durch präzise Anverwandlung etwas abgewinnen können. Denn nur Genauigkeit hielt er für poetisch. Bei Robert Walser lernen wir die unbeachteten und selbstverständlich gewordenen Dinge unserer nächsten Umgebung auf eine Weise wahrzunehmen, dass wir sie zu lieben und wertzuschätzen beginnen. Er weckt und öffnet unsere Sinne und animiert dazu, auch die Eigenarten unserer Mitmenschen nicht zu bemängeln, sondern uns wie auf kleine Abenteuer darauf einzulassen. Er schildert sie in einer Mischung aus Naivität und Weisheit, unerschöpflich an originellen Wendungen und Wortspielen. »Er lässt«, bemerkt sein Namensvetter Martin Walser, »die Welt auflaufen an sich und beschreibt die Farben, in die sie an ihm auseinanderbricht [...] Auch noch die schlimmsten Erfahrungen werden durch seine Sprachdressur gezwungen, als Schafe im Kreis herum zu gehen [...] Verzweiflung und Jubel wachsen auf dem selben Ast und umarmen sich fortwährend.« Was seine Schilderungen, die er in Büchern wie »Kleine Dichtungen«, »Der Spaziergang« und »Seeland« vorlegte, so modern macht und sie über das Regionale und Heimatverbundene heraushebt, sind auch die schelmischen Kapriolen und Zwischenbemerkungen, mit denen er sich zuweilen selber ins Wort fällt oder gängige Redensarten aufs Korn nimmt, um jede Sentimentalität zu torpedieren. Im schönsten Erzählfluss gibt es plötzlich Stoppschilder wie: »Merkwürdig, wie ich da verworren, gestrüppartig, durcheinander erzähle [...] Welch seltenes Motiv wird hier vögeleinhaft besungen von mir [...] Ich ersuche mich um eine klarere Ausdrucksweise« oder »Man möchte den Herrn Verfasser sehr ergeben gebeten haben, sich vor Witzen wie sonstigen Überflüssigkeiten ein wenig in acht zu nehmen. Hoffentlich hat er das ein für alle-

Die Tonhalle in Zürich

Der Lesezirkel

8. Jahrgang, 2. Heft — Zürich, November 1920

Inhalt:

Montag, den 8. November 1920
im kleinen Tonhallesaal

2. Abend des Lesezirkels Hottingen

Zwei Schweizerdichter

1. Robert Walser: Verse und kleine Prosa.
2. Karl Stamm: Seine Persönlichkeit und seine Lyrik, dargestellt von S. D. Steinberg.

Anfang 8 Uhr, Ende um 9½ Uhr

Eintrittskarten Fr. 6, 5, 4, 3 und 2: a) für Mitglieder bis Freitag im Bureau, Gemeindestraße 4, und bei Kuoni (Bahnhofplatz), b) für jedermann von Samstag bis Montag nachmittags 4 Uhr ebenda, ferner Montag abends von 7 Uhr an an der Tonhallekasse

Ankündigung des Züricher Leseabends mit Robert Walser

mal verstanden.« Oder Beobachtungen wie diese: »Was es doch für mordsfriedliche Leute gibt!« Oder: »Alle armen Leute arbeiten in der Fabrik, vielleicht zur Strafe, weil sie so arm sind.« Oder: »Die reiche Frau war übrigens von sehr ausdrucksvoller Unschönheit [...] Ihr Haar bat, man möchte glauben, es sei blond.«

In die Verschnaufpause seiner sieben in Biel verbrachten Jahre fiel der Erste Weltkrieg, in dessen Verlauf er von 1914 bis 1918 sechs mehrmonatige Militärübungen als Füsilier in verschiedenen Landwehrbataillonen zu absolvieren hatte. Von einer Münchner Zeitschrift aufgefordert, sich über diese angeblich so »große Zeit« zu äußern, schrieb er seine berühmte, allen falschen Heroismus ad absurdum führende Betrachtung »Phantasieren«, die uns vor Augen führt, wie Gott sich die Welt vorgestellt haben mag. Erstaunlich, dass dieses Wunschbild dennoch veröffentlicht wurde. War doch das damalige Klima einer friedfertig menschenfreundlichen Sicht der Dinge so entgegengesetzt, dass Walsers Bücher nun vollends unverkäuflich wurden und die Zeitungsredakteure kaum mehr Manuskripte von ihm akzeptierten, geschweige denn in Auftrag gaben. Immerhin erreichte ihn am Ende seiner Bieler Jahre noch eine Einladung aus Zürich. Der dortige Lesezirkel lud ihn zu einem Vortragsabend in der repräsentativen Tonhalle ein. Weil Walser auf das in Aussicht gestellte Honorar angewiesen war, nahm er das ungewohnte Abenteuer auf sich und machte sich von Biel aus zu Fuß auf den drei Tage beanspruchenden Marsch in die 100 Kilometer entfernte Schweizer Metropole. Da Dr. Hans Bodmer, der Präsident des Züricher Literaturvereins, mit dem als Rezitator debütierenden Dichter kein Risiko eingehen wollte, bat er Walser vor seinem Auftritt um eine Probelesung. Doch die muss offenbar so unbefriedigend ausgefallen sein, dass er dem 42-Jährigen nahelegte, lieber darauf zu verzichten, und Hans Trog, den Kulturredakteur der »Neuen Zürcher Zeitung«, bat, die Texte des Dichters zu lesen. Und so geschah es. Walser wurde dem Publikum als krank gemeldet, obwohl er kerngesund in der vordersten Reihe saß und niemand ihn erkannte. »Alles ging gut«, erinnert er sich in seiner Schilderung »Der Leseabend«, »es wurde geklatscht und ich klatschte mit.«

Am Ende der Bieler Jahre war er so verarmt, dass er seine freiberufliche Existenz aufgeben und sich den Lebensunterhalt wieder als Angestellter verdienen musste, diesmal in der Landeshauptstadt Bern, in deren Staatsarchiv ihm seine jüngere Schwester Fanny eine Aushilfsstelle als Bibliothekar vermittelt hatte. Doch Konflikte mit seinem Vorgesetzten ließen ihn nur vier Monate in dieser Position aushalten, obwohl ihm von der Staatskanzlei für seine Ordnungs- und Registrierungsarbeiten »lobenswerter Fleiß« bescheinigt wurde. Auch weil er sich dort unterfordert fühlte, nahm er nun nochmals einen energischen Anlauf, sich als Schriftsteller zu behaupten, in der Annahme, dass er in der weltläufigen und vitalen Stadt Bern mehr auf das Internationale gestellt und weniger, wie er meinte, »hirtenbübelig« schreiben könne. Es ist unglaublich, welche Arbeitsleistung von etwa 600 Prosastücken er in den folgenden acht Jahren seiner nomadischen Lebensweise mit 14 Wohnungswechseln abgewonnen hat. Zwar gelang es ihm in diesen zwanziger

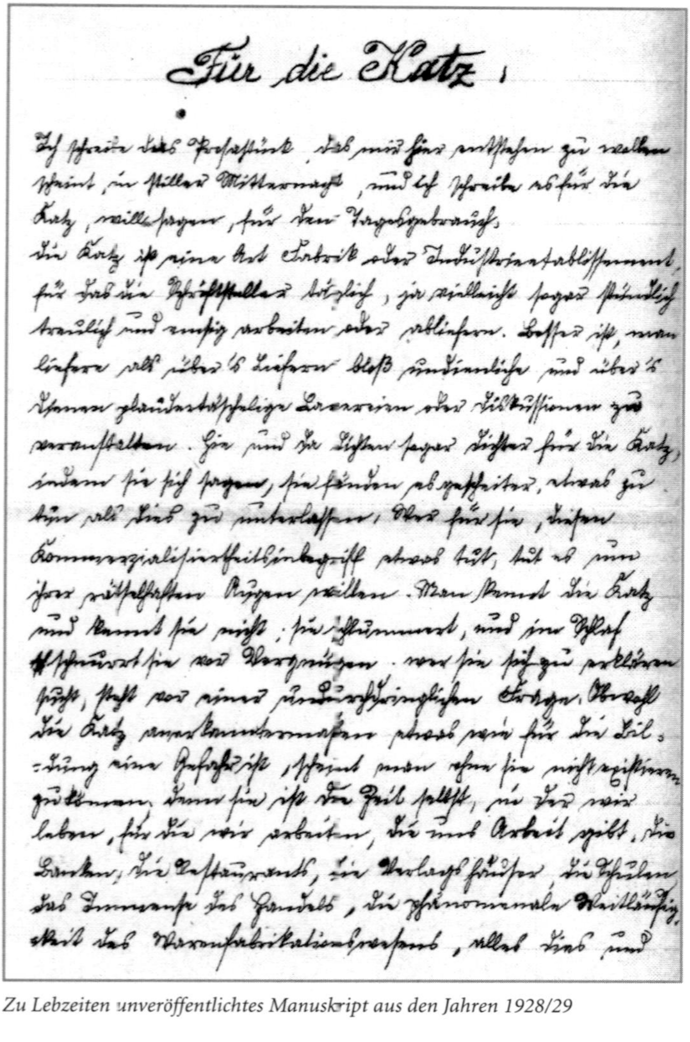
Für die Katz.

Ich schreibe das Prosastück, das mir hier entstehen zu wollen scheint, in stiller Mitternacht, und ich schreibe es für die Katz, will sagen, für den Tagesgebrauch. Die Katz ist eine Art Fabrik oder Industrieetablissement, für das die Schriftsteller täglich, ja vielleicht sogar stündlich treulich und emsig arbeiten oder abliefern.

Zu Lebzeiten unveröffentlichtes Manuskript aus den Jahren 1928/29

Jahren noch, sich mit den dürftigen Honoraren aus seinem »Prosastückligeschäft« mit Zeitschriften und Zeitungen über Wasser zu halten, aber zur Veröffentlichung weiterer Bücher mochte sich nach 1925 kein Verlag mehr entschließen, ausgenommen Rowohlt mit der kleinen Prosasammlung »Die Rose«, dem letzten von Robert Walser selbst konzipierten Bändchen.

In stolzer Selbsterniedrigung nennt er sich nun einen nicht nachweltfähigen Belletristiker und versteht es sogar, dieser Behauptung etwas Positives abzugewinnen, indem er anlässlich einer Zeitungsumfrage nach verkannten Dichtern bemerkt: »Allgemein gesprochen, halte ich nichts für so gesund als eine kräftige Portion Verkennung, die gewiss auch Nachteile haben mag, aber aus fröhlicher Verarbeitung dessen, was nachteilig ist, wächst Vorzügliches.« »Weil es schön ist, sich zu sagen, man könne noch wachsen, finde ich das Gefühl, ich sei klein, angenehm.« »Nur gedankenarme Leute sind imstande sich groß vorzukommen.« Oder: »Wenn man weiß, wie wenig man ist, kann es noch gut kommen.« Sich, wie er sagt, »der Summe seiner Kleinheit bewusst«, unterschreibt er nun manche seiner Briefe mit Wendungen wie »Aus der Höhe meiner Niedrigkeit herunter grüßt Ihr gediegenes Walserchen«. Auch Selbstverniedlichungen wie »Meine Unscheinbarkeit«, »Meine Geringfügigkeit«, »Meine Unbeträchtlichkeit« oder »Meine kolossale Wenigkeit« kommen nun vor. Und diese Neigung zur Minimalisierung seines wirklichen, ihm durchaus bewussten Ranges (»meine bedeutsame Wenigkeit«) zeigt sich auch in den meisten der in Bern entstandenen Manuskripte, deren Handschrift sich fast

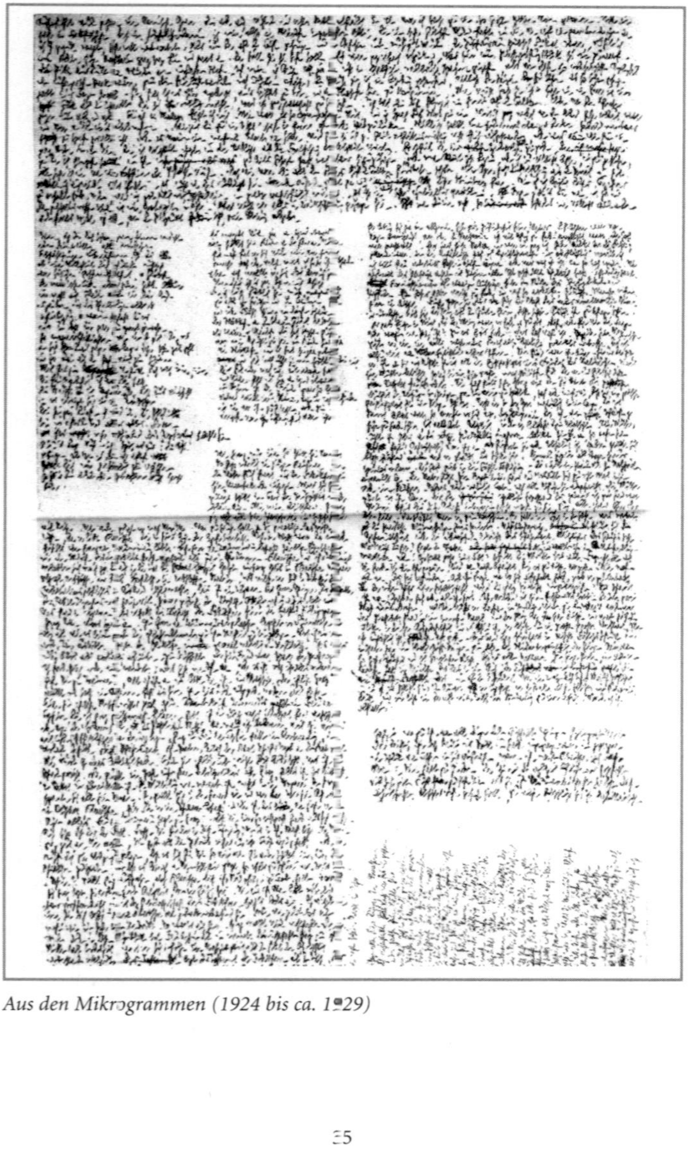

Aus den Mikrogrammen (1924 bis ca. 1929)

bis zur völligen Unlesbarkeit auf immer kleiner werdenden Zetteln verwinzigt. So fanden sich in seinem Nachlass, der in eine einzige Schuhschachtel passte, 526 dermaßen mikroskopisch mit spitzem Bleistift beschriebene Blätter, dass Walsers erster Herausgeber Carl Seelig diese auf den ersten Blick unlesbaren Gebilde für eine unentzifferbare Geheimschrift hielt. Späteren Herausgebern, obenan Jochen Greven, ist es dann geglückt, in diesen ein bis zwei Millimeter kleinen Partikeln mit Hilfe der in der Textilindustrie verwendeten Fadenzähler nach fünffacher Vergrößerung eine minimalisierte Variante jener Kurrentschrift zu erkennen, deren sich Walser auch vordem in der Regel bedient hatte.

Was da 20 Jahre nach Walsers Tod dank der mühevollen Entzifferung Jochen Grevens und seiner Nachfolger Bernhard Echte und Werner Morlang seit 1985 unter dem Titel »Aus dem Bleistiftgebiet« zum Vorschein kam, füllte sechs Bände mit insgesamt nahezu 1600 Seiten, darunter Robert Walsers wohl bedeutendster, bis dahin unbekannter »Räuber«-Roman (1925). Etwa die Hälfte dieser Texte konnte er nicht mehr veröffentlichen, bei den anderen handelt es sich um erste Entwürfe zu seinen in Zeitungen publizierten Arbeiten. Rechnet man die übrigen Manuskripte hinzu, für die der Autor keine Abnehmer fand, und seine zahlreichen nur als Zeitungsausschnitte überlieferten Schilderungen, dann ergibt sich ein Gesamtwerk von nahezu 7000 Seiten, eine erstaunliche Leistung in den nur drei Jahrzehnten, die ihm zu schreiben vergönnt waren.

Heute, wo diese Fülle aus ihrem Dornröschenschlaf geweckt und lesbar gemacht wurde, kommt uns die Teil-

Der Fünfzigjährige im April 1928 in Bern

nahmslosigkeit, mit der Walsers Zeitgenossen auf seine Arbeiten reagierten, unfassbar vor. Kein Wunder, dass auch er selbst darüber allmählich die Fassung verlor. Denn von den dürftigen Honoraren, die ihm seine monatlich allenfalls drei veröffentlichten Feuilletonbeiträge eintrugen, konnte er kaum existieren. Als er Ende der zwanziger Jahre wieder einmal eine seiner Manuskriptsendungen als unbrauchbar zurückgesandt bekam mit dem Hinweis, er möge sich doch mal ein halbes Jahr des Schreibens enthalten, war das Maß für ihn voll. »Damals habe ich«, berichtet er später, »ein paar stümperhafte Versuche unternommen, mir das Leben zu nehmen. Ich konnte aber nicht einmal eine rechte Schlinge machen.« Panische Ängste, Schwindelattacken, Halluzinationen und Albträume so bedrohlicher Art, dass er sich kaum mehr ins Bett traute, begannen ihm nun den Schlaf zu rauben, Stimmen, die ihn verhöhnten und mit Vorwürfen peinigten. Dagegen setzte er sich so lautstark zur Wehr, dass sich die Mitbewohner seines Quartiers darüber beklagten und die Vermieterin, die er nach vergeblichen Heiratsanträgen mit einem Messer bedroht hatte, sich an Walsers Schwester wandte, um Abhilfe zu schaffen. Lisa Walser hatte ihren Bruder ja schon mehrfach in ihrer kleinen Lehrerinnen-Wohnung im Schweizer Jura beherbergt, sah sich jetzt aber außerstande, ihr Leben mit dem sichtlich Verstörten zu teilen. Schon ihre Mutter und zwei ihrer Brüder waren an mysteriösen Krankheiten gestorben, die Mutter infolge zunehmender Depressionen, der Bruder Ernst Walser in der Berner Nervenheilanstalt, und der als Professor für Geologie bekannt gewordene Bruder Hermann Walser hatte sich das

Leben genommen. War Ähnliches nun auch bei Robert, dem ihr liebsten ihrer Brüder, zu befürchten? Jedenfalls war nach der Kündigung seiner letzten Unterkunft in der Berner Luisenstraße bei seinem derzeitigen Zustand ein neues Mietverhältnis ausgeschlossen. So blieb ihr nichts anderes übrig, als sich im Januar 1929 mit dem kopfscheuen Bruder dem Psychiater Walter Morgenthaler anzuvertrauen, der sie an die Berner Nervenheilanstalt Waldau verwies. Robert Walser wehrte sich nicht, doch gab er Lisa noch vor dem Eingangstor zu bedenken: »Tun wir auch das Richtige?«

Der diagnostische Befund schien hinreichend dringlich, um ihn dort aufzunehmen. Doch zögerte er lange, die Erklärung seines freiwilligen Eintritts zu unterschreiben, in der Befürchtung, nie mehr entlassen zu werden und seinem Namen als Schriftsteller dadurch zu schaden. Aus Rücksicht auf seine Schwester tat er es dann schließlich doch, und im Verlauf seines Aufenthaltes in der Anstalt legten sich die nächtlichen Angstattacken dank seiner Unterbringung in einem Schlafsaal mit neun anderen männlichen Patienten. Anfangs gelang es ihm noch, weiterhin zu schreiben und den Kontakt mit diversen Zeitungsredaktionen aufrechtzuerhalten. Allmählich aber spürte er, dass er nur in Freiheit richtig produzieren könne, und verzichtete schließlich ganz darauf. Seien doch, so schrieb er an Lisa, seine Angstzustände aus einer »Schaffenskrise und dem kontinuierlichen Mit-mir-Alleinsein« entstanden. Seit er sich damit abgefunden hatte, wenn überhaupt, dann nur noch außer der Anstalt weiterzudichten, ging es ihm besser. Dank zweier Erbschaften von etwa 10000 Franken war für seine Verpflegung einstweilen gesorgt, und die Befolgung der Anstaltsordnung wie auch der praktischen Betätigungen, die den Patienten abverlangt wurden, machten ihm keine Probleme. Im Gegenteil vollzog er sie so gewissenhaft und pünktlich, dass ihm ein mustergültiges Verhalten bescheinigt wurde.

Als vier Jahre später ein neuer Psychiater die Leitung der Berner Klinik übernahm, dem die Überbelegung der Anstalt ein Dorn im Auge war, sollten leichtere Pflegefälle wie Robert Walser in Kliniken ihrer Heimatgemeinden überführt werden. Dagegen aber hat er sich so energisch gewehrt, dass man den Dichter am 19. Juni 1933 nur in Begleitung zweier Wärter in die Appenzeller Heilanstalt von Herisau überführen konnte. Dort schrieb er, abgesehen von den nötigsten, meist lakonischen Briefen, keine Zeile mehr, gewöhnte sich aber erstaunlich rasch an das neue Ambiente, zumal man ihm an den Sonn- und Feiertagen freien Ausgang für Wanderungen in die reizvolle Umgebung gestattete. Wie schon in Bern fand er hier neben den alltäglichen Obliegenheiten wie dem Leimen von Papiersäcken, dem Sortieren von Schnüren, von Wolle und Stanniolabfällen Zeit genug für seine vielseitige Lektüre.

Hatte er am Ende seines Aufenthaltes in der Berner Nervenheilanstalt Waldau noch eine Neuauflage seines »Geschwister Tanner«-Romans bewilligt, kümmerte er sich in Herisau überhaupt nicht mehr um seine Vorexistenz als Schriftsteller oder um Neuausgaben seiner vergriffenen Bücher und reagierte gereizt, sobald man ihn darauf ansprach. Wie in seinen drei schriftstellerisch produktiven Jahrzehnten liebte der inzwischen 55-Jährige nach wie vor

Die Berner Heilanstalt Waldau, wo Walser von 1929 bis 1933 untergebracht war

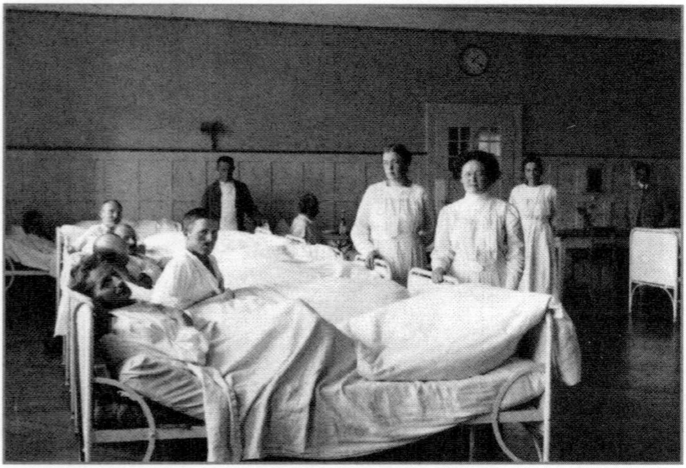

Schlafsaal in der Männerabteilung der Anstalt

Der Schriftsteller Carl Seelig (1894-1962), Walsers Mäzen und Vormund

nichts so sehr wie ausgiebige Fußmärsche, und dass er nun nicht mehr darauf angewiesen war, seine Eindrücke und inneren Monologe darzustellen und damit bei den Zeitungen antichambrieren zu müssen, erwies sich als hilfreich.

Zwar erreichten ihn dann und wann noch Bekundungen der Hochachtung seiner dichterischen Leistungen meist von Kollegen und Lesern, die sich mit seinem Verstummen nicht abfinden mochten. Aber ihn ließ das kalt.

Der kenntnisreichste und beharrlichste unter ihnen war der Schweizer Journalist und Schriftsteller Carl Seelig, seit 1916 im Briefwechsel mit Hermann Hesse, der sich seit 1909 schon mehrfach öffentlich und im März 1938 auch beim Schweizer Schriftstellerverein für Robert Walser eingesetzt hatte. Vermutlich auf Hesses Anregung hin begann sich Carl Seelig von nun an bei Schweizer Verlegern für den in Vergessenheit Geratenen zu engagieren und versuchte Verbindung mit Walser aufzunehmen. Dass dies mit dem kontaktscheuen Querkopf nicht einfach sein würde, hatte sich herumgesprochen. Deshalb wandte sich Carl Seelig zunächst an Walsers Schwester Lisa. Vermutlich war sie es, die auf den geschickten Einfall kam, er möge ihrem Bruder, den man ja aus seinen Büchern als leidenschaftlichen Spaziergänger kannte, eine gemeinsame Wanderung in die Umgebung von Herisau vorschlagen. Anfangs etwas misstrauisch und wortkarg, ließ sich der Dichter, wohl auch auf Lisas Zuspruch hin, auf die ihm bisher ungewohnte Begleitung ein. Und an einem sommerlich heißen Tag im Juli 1936 brachen sie auf zu einem Fußmarsch in das etwa zehn Kilometer entfernte St. Gallen. Bald merkte Walser, wie gut sich dieser 15 Jahre jüngere Literat sowohl in seinen Büchern wie auch bei anderen Schriftstellern und im Kulturbetrieb auskannte, und wurde nach und nach so zugänglich, dass er nichts mehr dagegen hatte, künftig auch weitere Ausflüge mit ihm zu unternehmen. Bis zum Ende seines Lebens begleitete ihn Carl Seelig auf nahezu 50 Wanderungen und hat als getreuer Eckermann anschließend den Inhalt ihrer Gespräche gewissenhaft aufgezeichnet, um sie der Nachwelt zu überliefern. 1957, ein Jahr nach dem Tod des Dichters, hat er diese Berichte unter dem Titel »Wanderungen mit Robert Walser« veröffentlicht. Diese 160 Druckseiten umfassenden Protokolle zählen heute zu den wichtigsten autobiographischen Quellen und sind wohl der überzeugendste Beweis dafür, dass von der diagnostizierten Schizophrenie, geschweige denn von geistiger Umnachtung, zumindest in den letzten Jahrzehnten von Walsers Leben nicht die Rede sein kann. Und was seine Krankheit betrifft, so hatte er ja bereits 1925 festgestellt: »Dichtet ein gesunder Mensch schlecht, so ist er eben als Dichter krank. Dichtet ein kranker Mensch gut, so gehört er als Dichter zu den Gesunden.«

Diesbezüglich möchte ich gern den im Jahr 2014 verstorbenen Schweizer Schriftsteller Urs Widmer zu Wort kommen lassen, dessen Sichtweise wir uns wohl anschließen können, wenn er feststellt: »Es fällt schwer zu sagen, Robert Walser sei verrückt geworden und deshalb in die Anstalt gekommen. Fast könnte man auch das Gegenteil behaupten: er sei vom Wahnsinn in die Normalität gegangen.« Walser habe, meint Widmer, den Wahnsinn seines bisherigen Lebens aufgegeben, weil er in der Anstalt endlich alles ebenso wie alle anderen machen konnte. Ja, er sei durch den Fleiß, mit dem er die ihm aufgetragenen Dienste verrichtet hat, durch seine Überpünktlichkeit und Ablehnung aller Privilegien sogar noch etwas normaler geworden als sie. »Die überschaubare Ordnung der Anstalt gab ihm die Sicherheit, die ihm in der Außenwelt gefehlt hatte.« Soziale Gerechtigkeit habe er nun nicht mehr erträumen müssen, sondern dort praktizieren können.

Wie hatte Walser bereits 1926 über einen anderen, gleichfalls für verrückt erklärten Dichter geschrieben? »Hölderlin hielt es für angezeigt, d. h. für taktvoll, im vierzigsten Lebensjahr seinen gesunden Menschenverstand einzubüßen, wodurch er zahlreichen Leuten Anlass gab, ihn aufs unterhaltendste, angenehmste zu beklagen.« Ähnliches sagte Walser zu Carl Seelig: »Ich bin überzeugt, dass Hölderlin die letzten dreißig Jahre seines Lebens gar nicht so unglücklich war, wie es die Literaturprofessoren ausmalen. In einem bescheidenen Winkel dahinträumen zu können, ohne beständig Ansprüche erfüllen zu müssen, ist bestimmt kein Martyrium.«

Beharrlich kümmerte sich Carl Seelig nun bis zu des Dichters und bis zu seinem eigenen Tod nicht nur um Neuausgaben von Walsers Büchern, sondern er versuchte auch, als sein Vormund und erster Herausgeber, ihn mit mehreren Themenbänden und einer bis zu fünf Bänden gediehenen Ausgabe seiner »Dichtungen in Prosa« wieder ins Gespräch zu bringen, um aus dem Erlös die Anstaltskosten subventionieren zu können. Walser selbst ließ das mit dem ihm eigenen Gleichmut geschehen, bedankte sich zwar jedes Mal, wenngleich ohne Enthusiasmus. Denn auch diese Wiederbelebungsversuche seiner öffentlichen Beachtung konnten ihn nicht dazu bewegen, seine seit der Einweisung in die Irrenanstalt von Herisau brachliegende Produktionslust erneut zu entfachen. Dass er sich mit seinem Los nicht nur abgefunden, sondern es positiv gesehen hat, zeigt seine

Bemerkung zu Carl Seelig: »Leider verstehen nur wenige Menschen das Alter zu genießen. Die unruhige Gier nach dem anderen Geschlecht ist verglüht und man begehrt nur noch den Trost der Natur. Endlich ist man uneitel geworden und sitzt in der großen Stille des Alters wie in einer milden Nebensonne.«

Wie er es in seinen Dichtungen mehrfach beschworen, ja offenbar sogar gewünscht hat, erlag er am ersten Weihnachtsfeiertag des Jahres 1956 im Alter von 78 Jahren einer Herzattacke auf einem einsamen Spaziergang im Schnee. Schon 50 Jahre zuvor scheint er dieses Ende in seinem ersten Roman vorweggenommen zu haben, worin es heißt: »Was veranlasste diesen Menschen, sich hier in der bitteren Kälte und an einer so einsamen Stelle im Tannenwald niederzulegen? […] Wie nobel er sich sein Grab ausgesucht hat. […] Mitten unter herrlichen, grünen mit Schnee bedeckten Tannen liegt er […] Das ist das Beste, was du tun konntest. Die Menschen sind immer geneigt derartigen Käuzen, wie du einer warst, weh zu tun und ihre Schmerzen zu verlachen. […] Du bist jetzt sicher an einem herrlichen Ort […] Lebe wohl. Wenn ich Blumen hätte, ich schüttete sie über dich aus. Für einen Dichter hat man nie Blumen genug. Du hattest zu wenig.« Und in seiner »Weihnachtsgeschichte« aus dem Jahr 1919 lesen wir: »Derart ging ich also von den Menschen fort […] Es schneite, und durch das liebe Schneien klangen die Abendglocken. […] So süß und weich flog es herab, das wirbelnde Gewimmel: Eine Schneeflocke flog mir auf den Mund, als fliege mir ein Kuss zu. Hut und Mantel waren bald schneeweiß […] Wie soll ich jetzt zu mir heimgehen wagen

Postkarte: Herisau – Irrenanstalt

wo nichts Trauliches ist? Wer sich einschneien ließe und im Schnee begraben läge und sanft verendete!«

Das Schicksal und Werk dieses Dichters betrachtend, komme ich zum selben Befund wie Urs Widmer, der sagte: »Das ist das Traurige an Robert Walsers Leben: er hat ein so großartiges Werk hervorgebracht, das uns stellvertretend ein bisschen unsere eigenen Ängste bewältigen hilft. Aber für Robert Walser selber war es alles in allem doch ein Leben, das daneben gegangen war. Muss das denn immer wieder der Preis sein: ein schönes Werk auf Kosten eines schönen Lebens?«

Aber klagen wir nicht und halten uns lieber an Robert Walsers überaus fruchtbare Erfahrung: »Verlegenheiten und Sorgen sind Bildungsinstitute ersten Ranges.«

Robert Walser, 1941, Foto: Karl Walser

»Der Grund, weshalb ich in der Anstalt gelandet bin«
HERMANN HESSE UND ROBERT WALSER

Seit den Initiativen zu Robert Walsers 100. Geburtstag im April 1978 und der damit verbundenen überregionalen Verbreitung seines Werkes durch den inzwischen nach Berlin übersiedelten Suhrkamp Verlag hat dieser Dichter endlich die Beachtung gefunden, die ihm von Anfang an zugestanden hätte, als dem neben Friedrich Dürrenmatt und Max Frisch wohl bedeutendsten Schweizer Schriftsteller des 20. Jahrhunderts. Heute, fast 60 Jahre nach seinem Tod, könnte Robert Walser bequem vom Erfolg seiner Bücher leben und aus der respektvollen Beachtung seiner in der deutschsprachigen Dichtung ganz unverwechselbaren Eigenart jene Anerkennung und das motivierende Selbstvertrauen beziehen, deren Ausbleiben zu Lebzeiten ihn in äußerste Armut, trotzige Resignation, vorzeitiges Verstummen und schließlich in Nervenheilanstalten getrieben hat. Ein tragisches, doch leider keineswegs seltenes Schicksal bei Künstlern, Forschern und Wissenschaftlern, die künftige Entwicklungen vorwegnehmen, weil eingefahrene Wege nun einmal nicht ihre Sache sind. Um sich Gehör zu verschaffen, sind sie vor allem auf Gleichgesinnte angewiesen, die das Eigenständige und Neue zu erkennen vermögen und sich dafür einsetzen, sofern Aufgeschlossenheit und Neidlosigkeit es ihnen erlauben. An solchen Fürsprechern hat es Robert Walser nie gefehlt. Verdiente Zeitgenossen unterschiedlichsten Naturells wie Franz Blei, Christian Morgenstern, Wilhelm Schäfer, Franz Kafka, Max Brod, Kurt Tucholsky, Walter Benjamin, Robert Musil und Stefan Zweig haben schon zu Robert Walsers Lebzeiten das Wort für ihn ergriffen. Doch ausgerechnet derjenige, der sich am wirkungsvollsten für seinen Kollegen eingesetzt hat, Hermann Hesse, sollte ihm am meisten zu schaffen machen. Denn von allen seinen Förderern war Hesse als Schriftsteller der erfolgreichste, wenngleich auch nicht von Anfang an. Denn wer als Lyriker beginnt, hat es schwer, Beachtung zu finden.

Nur ein knappes Jahr älter als Robert Walser, war Hesse zuerst mit Gedichten an die Öffentlichkeit getreten, mit dem auf eigene Kosten gedruckten Heft »Romantische Lieder«, die im selben Jahr erschienen wie eine Auswahl frühester Robert-Walser-Gedichte, die im Mai 1898 von dem mit beiden Verfassern befreundeten Kulturredakteur der Berner Tageszeitung »Der Bund«, Josef Viktor Widmann, vorgestellt wurde. Das Echo auf beide Publikationen war bescheiden. Bis zur Jahrhundertwende konnten von den »Romantischen Liedern« des Tübinger Buchhandelsgehilfen nur 54 Exemplare verkauft werden. Sein Schweizer Kollege dagegen erreichte mit seinen Gedichten immerhin die Leser der Wochenendbeilage der wichtigsten Berner Tageszeitung. Nicht viel besser erging es Hesses erstem Prosabändchen »Eine Stunde hinter Mitternacht«, das der junge Verleger Eugen Diederichs ein Jahr später herausbrachte, so dass der mittlerweile als Antiquar nach Basel übersiedelte Autor für die Druckkosten seiner nächsten Publikation, die im November 1900 erschienenen »Hinterlassenen Schriften und Gedichte von Hermann Lauscher«, erneut selber aufzukommen hatte. Überregionales Echo fanden Hesse wie Robert Walser erst 1904 dank einflussreicher Vermittler: Walser durch die Fürsprache des bekannten Essayisten Franz Blei, der den 23-jährigen Bankangestellten aus Biel mit den Gründern der Münchner Zeitschrift »Die Insel« bekannt gemacht hatte, in deren Verlag 1904 seine erste Buchpublikation »Fritz Kochers Aufsätze« erschien. Hermann Hesse verdankte seinen Durchbruch dem Dramatiker und Essayisten Moritz Heimann, der ihn 1903 nach der Lektüre des »Lauscher«-Bändchens einlud, sein nächstes Manuskript, den Roman »Peter Camenzind«, dem tonangebenden Berliner S. Fischer Verlag vorzulegen, wo Heimann als Lektor beschäftigt war.

Wie Hermann Hesse in seinen »Hinterlassenen Schriften und Gedichten von Hermann Lauscher« gab sich auch Robert Walser in »Fritz Kochers Aufsätzen« als Herausgeber der Aufzeichnungen eines verstorbenen Freundes aus. Doch an diesem Versteckspiel kann es nicht gelegen haben, dass beide Bändchen so unbeachtet blieben, während der »Peter Camenzind« sofort auf ein dankbares Lesepublikum stieß.

Denn die Geschichte des Peter Camenzind mit seinen ernüchternden Erfahrungen im Kulturbetrieb der Wilhelminischen Ära und der Fortschrittsgläubigkeit des beginnenden Industriezeitalters konnte als Roman gelesen werden. Es war ein positives, an den organischen Gesetzen der Natur orientiertes Kontrastprogramm zur zivilisatorischen Hektik, ohne Ironie und formalen Ehrgeiz.

Im Gegensatz zur folgerichtigen Schilderung von Peter Camenzinds Werdegang gibt es in den »Kocher«-Aufsätzen Robert Walsers keine durchgehende Handlung. Sie sind ein launiges Mosaik von kaum zusammenhängenden Prosaskizzen, deren Reiz in ihrem kecken Vortrag und einem ganz neuen Ton lag, der das routiniert Alltägliche mit seinen halbwahren Sprüchen und Ansprüchen auf eine schalkhaft durchtriebene Weise in Frage stellt und verunsichert. Hermann Hesse kamen diese Aufsätze vor wie »spielerische Abhandlungen und Stilübungen eines rhetorisch veranlagten Ironikers, deren gepflegt-nachlässiger, doch flüssiger Vortrag« ihn vor allem deshalb fesselte, weil darin »eine wahre schöne Menschen- und Künstlerliebe zu allem Existierenden aufleuchtete, die den warmen innigen Schein der echten Dichtung« verriet (wie Hesse 1909 in einem Rückblick auf das bisherige Schaffen Robert Walsers schrieb). Mittlerweile hatte auch Robert Walser zwei Romane, »Geschwister Tanner« (1907) und »Der Gehülfe« (1909), veröffentlicht, die zwar die respektvolle Anerkennung namhafter Kritiker fanden, ohne jedoch jenen Publikumserfolg zu erreichen, den Hermann Hesse mit den im selben Zeitraum veröffentlichten Romanen »Unterm Rad« und »Gertrud« erzielte. Das hatte

Titelseiten der Erstausgabe, 1904

für Robert Walser lästige Folgen, vor allem die, dass ihm von nun an zeitlebens vorgehalten werden sollte, wenn er nicht schriebe wie Hermann Hesse, dann werde er nie auf einen grünen Zweig kommen. Abgesehen davon, dass es eine ahnungslose Zumutung ist, von einem Künstler zu verlangen, sich wie ein Konfektionsschneider oder Designer – um auf dem Markt bestehen zu können – der jeweiligen Mode anzupassen, war dieser Wink für Walser auch aus anderen Gründen eine Brüskierung. Denn hatte er nicht ohnehin Erhebliches mit Hermann Hesse gemein? Beide hatten sie die Schule vorzeitig verlassen, Hesse mit 16, Robert Walser bereits mit 14 Jahren, um ihre Ausbildung fortan in die eigene Hand zu nehmen. Beide hatten sie der Bevormundung in einem Angestelltenverhältnis die Freiheit eines selbstbestimmten Lebens entgegengesetzt und die damit verbundenen Konflikte und Abenteuer in ihren Büchern thematisiert. Vagantentum statt Sesshaftigkeit, Bindungsscheu statt Gefesseltsein, Naturnähe statt zivilisatorischer Ersatzbefriedigungen sind weitere Gemeinsamkeiten in ihrem Werk und Leben, das beim verheirateten Hesse freilich eine Spur bürgerlicher verlaufen musste. Aber warum gelang es Hermann Hesse, mit diesen Inhalten ein breites Lesepublikum zu erreichen, während Robert Walser eher von Kollegen und Kritikern geschätzt wurde? Lag es daran, dass Walser stilistisch kühner, moderner und mit geschärfterem Sprachgefühl Formulierungen parodierte, die bereits anachronistisch zu werden drohten, während Hesse bestrebt war, deren ursprüngliche Würde zu regenerieren? Oder lag es daran, dass für Walser die erzählten Begebenheiten oft nur Vorwände sind, um sich über kontaminierte Sprachgewohnheiten lustig zu machen und die Fragwürdigkeit gängiger Fertigteile vorzuführen? Jedenfalls ließ seine kokett vagabundierende, scheinbar Unzusammenhängendes verknüpfende und doppelbödige Erzählweise keinen verlässlichen Standpunkt mehr erkennen, sie begann mit den herkömmlichen Redensarten zu spielen, was einem an »action« und stabile Verhältnisse gewöhnten Leser den Boden unter den Füßen entziehen kann.

Zunächst aber scheint es eher das Quantitative der Produktion Hesses gewesen zu sein, das Robert Walser herausforderte. So lesen wir in seiner ersten bisher auffindbaren Äußerung über ihn, in einem 1905 an Flora Ackeret gerichteten Brief: »Ich werde bald viel schreiben, dass die Hesse und Compagnie sich fürchten sollen.« In rascher Folge waren daraufhin die Romane »Geschwister Tanner«, »Der Gehülfe« und »Jakob von Gunten« sowie der Band »Gedichte« erschienen, Bücher, die Hesse 1909 in einem ersten vielbeachteten Robert-Walser-Essay rühmend herausstellte. Darin lesen wir unter anderem: »Wie gut weiß er den Ausdruck und die Farbe und den Geruch der Jahreszeiten, Tage und Tageszeiten! Wie wohl unterscheidet er zwischen den Tagen, wie wird er jedem Sommer und jedem ersten Schnee gerecht! Das kann man keinem Professor klar machen, wenn er es nicht in sich hat, dieses Erstaunen vor dem Selbstverständlichen, dieses Bewundern des Natürlichen, dieses hingegebene Schwimmen und Atmen im Blauen oder Grauen, Heißen oder Kühlfeuchten. Wie beim Duft einer alten feuchten Mauer vergangene Lebensjahre heraufsteigen und wieder da sind, wie beim blechernen Klang einer umgeworfenen Gießkanne lange reiche Ketten von Vorstellungen heraustaumeln und leben und ihr Recht verlangen, das kennt und versteht Robert Walser merkwürdig fein, und das macht ihn zu einem bedeutenden Dichter, nicht seine hübsche Stilsicherheit und alles andere Äußerliche, das man von einander lernen oder abschreiben kann. Das Verstehen und Liebhaben und Mitlebenkönnen [...] aber bleibt nicht bei Landschaft, Jahreszeit und Witterung stehen, sondern umfaßt die Menschen seiner Nähe, von denen er keinen hassen kann, von denen jeder ihm merkwürdig und interessant und irgendwie lieb wird [...] Was sich eigentlich bei einem Dichter ganz von selber verstehen sollte, meistens aber nicht versteht, die Originalität des Ausdrucks und Freimütigkeit des persönlichen Auftretens, das hat Walser, und da er nebenher bei aller frechen Sorglosigkeit mit der Sprache doch respektvoll umgeht wie mit einem hochgeachteten, doch vertrauten Freund, wird es nicht mehr lang angehen, ihn zu übersehen.« Diese in deutschen und schweizerischen Tageszeitungen verbreitete und von Robert Walsers Verlag Bruno Cassirer als Werbung benutzte Empfehlung seiner Bücher hat nicht wenig dazu beigetragen, dass von den Romanen »Geschwister Tanner« und »Der Gehülfe« Neuauflagen erscheinen konnten und immer mehr Zeitungen sich nun auch für seine Kurzprosa zu interessieren begannen. 1914 sorgte Hesse (der neben Wilhelm Schäfer Mitglied des Preiskomitees des Frauenbundes zur Ehrung rheinländischer Dichter war) dafür, dass Robert Walser für seinen Sammelband »Kleine Dichtungen« die erste und einzige Auszeichnung seines Lebens erhielt. Sie war mit einem Geldbetrag von 2000 Mark verbunden.

Vom Briefwechsel der beiden ist leider nur wenig erhalten. 1917 hat Hesse dem Kollegen seine soeben erschienene Monographie über den Maler Albert Welti geschickt. Den Anlass dazu kennen wir nicht, denn Walsers ständige Wohnsitzwechsel erlaubten es ihm nicht, die Post, die ihn erreichte, aufzubewahren. Doch muss in Hesses Begleitschreiben von der kriegsbedingten Einschränkung seiner schriftstellerischen Arbeit zugunsten der Bekämpfung des Völkermordens und der Gefangenenfürsorge die Rede gewesen sein. Anders lässt sich Robert Walsers Antwort darauf nicht erklären, der diese Mitteilung offenbar als versteckten Vorwurf verstand. Das zeigt die eigentümlich abwehrende und ironische Weise, in der er darauf reagierte: Er selber gebe sich stattdessen einem faulen und vornehmen »Schlaraffen-, Faulpelz- und Spießbürgerleben« in einem altvenezianischen Marmorpalast hin, heißt es in seiner Antwort, wo er sich von 700 behenden Lakaien bedienen lasse. Denn »wenn die Welt aus den Fugen ist, so nützt die Anstrengung von zwanzigtausend tollen Hamleten wenig oder nichts«. Stattdessen lese er jeden Tag ein wenig Französisch, weil das eine so hübsche Sprache sei.

Der »tolle Hamlet« Hesse jedoch ließ sich von dieser Pflaumerei nicht irritieren und veröffentlichte zehn Tage darauf in der »Neuen Zürcher Zeitung« eine Empfehlung von Robert Walsers nächstem Buch »Poetenleben«. Es ist wohl kein Zufall, dass er darin nun den Spieß herumdreht und dem Kollegen gerade das bescheinigt, was er selbst mit seiner zeitkritischen Publizistik und seinem karitativen Einsatz vergeblich zu erreichen versuchte: »Wenn solche Dichter wie Walser zu den führenden Geistern gehören würden, so gäbe es keinen Krieg. Wenn er hunderttausend Leser hätte, so wäre die Welt besser. Sie ist, sei sie, wie sie wolle, gerechtfertigt dadurch, dass es Leute wie den Walser gibt.« Dieser Aufsehen erregende Satz ist viel zitiert worden und sagt wie alle Urteile ebenso viel über den Urteilenden aus wie über das, was er beurteilt. Er zeigt Hesses Leiden am Krieg und seine bis ins hohe Alter in immer neuen Büchern thematisierte Hoffnung, den verhängnisvollen Lauf der Tagespolitik durch Kritik, poetische Gegensteuerung und praktischen Einsatz vielleicht doch ein wenig korrigieren zu können. Dass weder Hamlet noch Don Quijote den Lauf der Dinge und die Machthaber bremsen konnte, wusste natürlich auch er. Gleichwohl schien es ihm besser, das, was er vermochte, dagegen zu unternehmen, statt den Dingen ihren Lauf zu lassen. Dass er dieses Korrektiv auch den Wirkungen der Bücher seines scheinbar viel unpolitischeren Kollegen zutraute, war alles andere als wirklichkeitsfremdes Wunschdenken. Denn auch Walsers Dichtungen sind Gegenwelten, und ohne solche Kurskorrekturen wären der Hemmungslosigkeit der Machthaber noch weniger Schranken gesetzt worden. Deshalb hat Hesse auch eine Erzählung Robert Walsers in seine für die Kriegsgefangenen bestimmten Publikationen aufgenommen. In seinem Dank für Hesses Besprechung des Buches »Poetenleben« kommt Walser (am 3. Dezember 1917) denn auch auf diesen Punkt nicht mehr zurück, sondern schreibt ihm: »Dass Sie eine ungemein gute Art haben, über irgendein Buch zu referieren, werden Ihnen schon viele Leute gesagt haben.« Doch diplomatisch setzt er sich von Hesses Vergleich der Außenseiter in Walsers Büchern mit Eichendorffs Taugenichts ab: »Übrigens bin auch ich vom unglaublich hohen Wert des Eichendorffschen ›Taugenichts‹ überzeugt. Welch ein deutsches und welch ein graziöses Buch. Weil aber in dem Meisterwerk ein dummer Bursch die Hauptfigur ausmacht, alles lauter und eben recht natürlich darin ist, keine Unter- und Nebenströme, nichts Schrecknishaftes, Strindberghaftes, nichts Krummes und Krankes, Schuftiges, Verräterisches und Grauenerregendes darin vorkommt, so geniert sich halt der Leser sozusagen.« Geniert sich Walser, weil er beim einfältig-redlichen Taugenichts des Spätromantikers Eichendorff seine eigenen Dämonien, kurz das Moderne seiner eigenen Sympathieträger, nicht wiederfindet? So mag es Walser auch mit Hesses 1915 erschienener Landstreichergeschichte »Knulp« ergangen sein, worin dieser einige Jahre zuvor das Taugenichts-Thema aktualisiert hatte. Näher an Eichendorff als an den Aussteigern Robert Walsers zielt Hesse darin auf die Beschämung der Normalen und Sesshaften, die vom Vagabunden Knulp an eine Freiheit und Unbefangenheit erinnert werden, die ihrem Sicherheitsbedürfnis zum Opfer gefallen sind. Wieder also die verblüffende Ähnlichkeit der Thematik dieser beiden Autoren und das Gefälle zwischen Walsers gebrochen modernerer und Hesses traditionell volkstümlicher Darstellungsweise und ihrer entsprechenden Beliebtheit beim Publikum!

Zeitlebens hat Hesse den geringeren Erfolg Walsers als ungerecht empfunden und alles getan, dem Verkannten Gehör zu verschaffen. Für den Sammelband »Alemannenbuch« bittet er Walser um einen noch ungedruckten Text, der ihm dafür eine launige Skizze über einen Ausflug in das schweizerische Fribourg zur Verfügung stellt. Diese Manuskriptsendung mit einem Begleitbrief vom 15. April 1919 ist das letzte bisher auffindbare Schreiben Robert Walsers an Hesse. Stattdessen begegnen wir Hesse mehrfach in Walsers Schriften und in seinen an andere Empfänger gerichteten Briefen, meist äußert er sich darin merkwürdig aufsässig oder mokant, und fast immer ist er auf deutliche Abgrenzung bedacht.

1919 hatte Hesse das in Bern gemietete Haus verlassen und war ohne seine Familie ins Tessin übergesiedelt.

Zwei Jahre darauf kam auch Robert Walser nach Bern, wo er im Murifeldweg, unweit von Hesses ehemaligem Quartier im Melchenbühlweg, eine erste Wohnung bezog. »Zwar wohn' ich nur in einer Vorstadt«, schreibt er damals, »immerhin hat mein Zimmer einen Parkettboden. Hesse freilich wohnt feiner. Ich geh' häufig an seinem früheren Haus vorbei.« Kannte er das verfallende Aristokratengütchen von innen, das Hesse mit seiner fünfköpfigen Familie von 1912 bis 1919 bewohnt hatte, worin von einem Parkettboden nicht die Rede sein konnte?

Im Dezember 1923 liest Walser in einer Zeitung Hesses schwermütiges Gedicht »Manchmal« und kommentiert es in einem Brief an Frieda Mermet folgendermaßen: »Grännen [Flennen] kann manchmal, wie ja auch unser sattsam bekannter Hermann Hesse in der NZZ soeben ausführte, ein hoher Genuss sein, vor welchem sich freilich ein Gescheiter und Gebildeter zu hüten hat.« Diese Äußerung ist schon stichhaltiger, denn im Gegensatz zu seinem Kollegen hat sich Robert Walser stets gehütet, seinen Depressionen auf ungebrochene Weise Luft zu machen, und wenn er sie schon herausließ, kleidete er sie in angriffslustige Ironie. Das war artistisch gewiss klüger, doch um den Preis, dass solche Attacken ihre Anlässe ja nicht beseitigten, sondern durch die Brüskierung des Lesers verdoppelt auf den Verfasser zurückfielen. Auf dieselbe vergleichsweise larmoyante Art Hesses, »die Infamitäten des Lebens« beim Namen zu nennen, zielt ein 1925 notierter Mikrogramm-Entwurf eines Walser-Gedichtes, worin es heißt: »Er gilt ja beim Publikum als der, / der das Patent darauf hat / das Leben unsagbar schwer / allerweil genommen zu haben, / ob er mir erlaube, / dass ich glaube / ich wär' wie er imstande, mich matt / zu fühlen. Morgen denke ich zu traben / zum hochgeschätzten Knaben, / und ich bin überzeugt, dass ich ihn werde / über seine Anhängerherde / lächeln machen können, / … jeder der einen Namen hat, erlebt Stunden, wo er lieber keinen hätte.« Diese Sorte Gemeinsamkeit mit dem Publikum wollte und konnte Robert Walser nicht haben, und seine Vermutung, dass Hesse der »Anhängerherde« überdrüssig war, die ihm auf seine »Kennst du das auch?«-Gedichte zu nahe traten, trifft durchaus ins Schwarze. Doch auf sachliche Verse konnte Walser auch ganz anders reagieren, wie zum Beispiel in seinem Prosastück »Der verkrüppelte Shakespeare« (1928), worin er eine Naturerscheinung mit dem 1917 entstandenen Gedicht »Die Nacht« in Verbindung bringt: »Die Nacht hörte sich wie ein Hermann Hessesches Gedicht an.«

Zweimal, zunächst in einem Brief vom Januar 1924 an Max Rychner und ein Jahr darauf in seiner Erzählung »Olympia«, kommt Walser dann auf Hesses zweite Ehe mit Ruth Wenger, der Tochter der Schriftstellerin Lisa Wenger, zu sprechen: »Hesse, so hörte ich, heiratet die Tochter der Lisa Wenger, der ich zugunsten Hesse's wünsche, sie wäre so hinreißend schön wie die Tochter Tizian's.« Und in der Erzählung heißt es: »Ein Schriftsteller verheiratete sich abermals, nachdem er schon verheiratet gewesen und zum Entschluss gekommen war, sich zu sagen, es sei besser für ihn unverheiratet zu sein, und zwar mit einer Tochter aus gutem Hause, die sich zur Sängerin auszubilden dachte, zu welchem Zweck sie ihre Zeit wie ein Singvögelchen verbrachte, indem sie den lieben langen Tag nichts als trällerte. Wie habe ich lachen müssen, als er sich hierdurch im Dichten gestört sah.« Hätte Walser geahnt, wie lange sich Hesse gegen diese vom Stahlwarenfabrikanten Theo Wenger erzwungene Bindung gewehrt hat, dann wäre sein Kommentar vielleicht etwas weniger schadenfroh ausgefallen. Zwei Jahre darauf musste die Ehe auf Ruths Veranlassung wieder geschieden werden. Das führte bei Hesse zur Krisis des »Steppenwolfs«, zu einem Buch, aus dem er unter anderem am 6. Mai 1928 in Zürich öffentlich vorgelesen hat. An diesem in der Tonhalle veranstalteten Abend muss Robert Walser dabei gewesen sein. Denn darauf bezieht sich das wohl aufschlussreichste einer Reihe von Gedichten über Hermann Hesse, das im August 1928 von der »Prager Presse« veröffentlicht wurde:

Hermann Hesse

Vorurteile, o, mein Gott
bilden einen Alltagstrott.
Eines Tags sah ich dich lächeln,
stehen auf dem Podium,
während sich im Publikum
hübsche Frauen heiter fächeln.
Fünfzig Jahr' alt wurdest du!
Wandernd wird schon mancher Schuh

sich dir abgetragen haben.
Darf ich heute Dank dir sagen,
dass du warst, und dass du bist;
dein Charakter scheint aus List
und aus Liebe zu bestehen,
wir wie Blätter ja vergehen,
Wind und Meer sind große Herr'n,
hier gestehe ich dir gern,
dass ich oft in weißem Kragen,
wenn es zart begann zu tagen,
heimwärts ging aus Lustgelagen.
Über den mit ein'gen Gaben
ausstaffierten Hirtenknaben,
der dich feiert, schriebst du mal
einen Aufsatz;
sei noch lange Fisch und Taube, Mensch und Schlange,
und aus deinem Lebensgange,
mittels geistigem Kanal,
brech' noch mancher Sonnenstrahl.
Deine Lippen sind sehr schmal.
Denke nicht, es wäre Rache,
dass ich dir ins Antlitz lache,
denn anlässlich deines Festes
gab ich hoffentlich mein Bestes.

Das ist gewiss kein Höhepunkt unter den zahlreichen, oft holprigen Reimgebilden Robert Walsers. Doch über sein Verhältnis zu Hermann Hesse gibt es charakteristische Anhaltspunkte. Offensichtlich hat diese erste und einzige persönliche Begegnung einige seiner Vorurteile ins Wanken gebracht. Das schlichte, ungeschniegelt ländliche Auftreten des Verfassers der »Wanderung« (1920) mag dazu beigetragen haben, das Vertrauen des gleichfalls passionierten Wanderers Robert Walser zu wecken. Auch die antibürgerlich-anarchischen »Krisis«-Gedichte des Steppenwolfs, der sich wegen politischer und partnerschaftlicher Konflikte nächtelang in Weinkneipen tröstet, haben ihm offensichtlich gezeigt, dass er es hier mit jemandem zu tun hatte, dem sein unfreiwilliges Außenseitertum nicht weniger zu schaffen machte als ihm selbst. Walsers etwa gleichzeitig entstandener »Räuber«-Roman belegt diese oft verblüffende Verwandtschaft. Wie »Der Räuber« ist auch »Der Steppenwolf« »die Verkörperung einer Existenzweise am Rande oder schon jenseits der Gesellschaft«. Dass Walser während Hesses Züricher Lesung wie »ein Sonnenstrahl« der Aufsatz wieder einfiel, worin dieser »den mit ein'gen Gaben ausstaffierten Hirtenknaben« einst gewürdigt hatte, ist bezeichnend. Nur dass sich in Hesses Besprechung nichts von der Herablassung findet, die der inzwischen gleichfalls 50-Jährige aufgrund seines bereits schwer angeschlagenen Selbstwertgefühls herauszuhören glaubte. Denn schon zu diesem Zeitpunkt war es mit Robert Walsers Buchveröffentlichungen zu Ende. Seit seinem 1925 im Rowohlt Verlag erschienenen Erzählbändchen »Die Rose« konnte kein einziger von ihm selbst zusammengestellter Band mehr publiziert werden. Kulturbetrieb und Buchhandel hörten auf, mit ihm zu rechnen. Nach und nach geriet er in Vergessenheit. Zwar blieb ihm noch das »Prosastückligeschäft« mit den Zeitungen und Zeitschriften. Doch aufgrund der immer zügelloseren Sprunghaftigkeit seiner Assoziationen und mutwilligen Manierismen sollten auch Walsers Feuilletons bald zu einer ganz unzuverlässigen Einnahmequelle werden. Den großartigen »Räuber«-Roman, den er damals bereits in seiner winzig kleinen, allenfalls unter der Lupe entzifferbaren Mikrographie schrieb, nochmals einem Verlag vorzulegen, war er zu stolz oder hielt er für aussichtslos. Des demütigenden Antichambrierens bei seinen Verlegern müde, von denen ihn einer nach dem anderen fallengelassen hatte, kam er sich vor wie ein »Blatt, das ein Knabe mit der Rute vom Zweig herunterschlägt, weil es ihm als ein Vereinzeltes auffällt« (»Der Räuber«). Angstzustände, Verfolgungswahn, Halluzinationen und ein Selbstmordversuch waren die Folge, so dass sich Robert Walser 1929 überraschend widerstandslos von seiner Schwester Lisa in die Berner Heilanstalt Waldau einliefern ließ. Hier, in der Geborgenheit eines regelmäßigen Tagesablaufes und der Aufhebung seiner Isolation, ließen die Beklemmungen nach und allmählich auch der Zerfall des logischen Zusammenhangs beim Schreiben zugunsten einer klareren, ja mitunter »lakonisch referierenden Erzählweise« (Bernhard Echte). Doch vier Jahre nach seinem Eintritt in die Anstalt Waldau, kaum dass er wieder ins Lot gekommen war, musste er sie verlassen, weil ein neues Management die leichteren Pflegefälle entließ, um sich fortan vor allem den akut Erkrankten widmen zu können. Statt Robert Walser nun einen Neubeginn in Freiheit zu ermöglichen, ließen seine Geschwister, selbst die ihm besonders nahestehende Schwester Lisa (wohl weil sie

Robert Walser auf einer Wanderung Ende der 1930er Jahre, Fotos: Karl Walser

befürchten musste, dass er künftig ihr zur Last fallen werde), ihn gegen seinen Willen gewaltsam in die Irrenanstalt von Herisau verbringen, was seiner Produktionslust endgültig den Garaus gemacht hat.

Dort besuchte ihn 1936 erstmals der Schweizer Publizist Carl Seelig, dessen Liebe zur Literatur und – nicht zuletzt – dessen Vermögensverhältnisse als Sohn eines betuchten Seidenfabrikanten es ihm erlaubten, sich für notleidende und politisch verfolgte Autoren zu engagieren. Als Rezensent, Vermittler und Mäzen hatte Seelig sich bereits für Else Lasker-Schüler, Ernst Toller, Hermann Broch, Joseph Roth, Alfred Polgar und unzählige andere eingesetzt. Doch die ihm vertrauteste Bezugsperson unter den zeitgenössischen Schriftstellern war ausgerechnet wieder Hermann Hesse, mit dem er schon seit 20 Jahren in lebhaftem Austausch stand. Ob Hesse Carl Seelig dazu ermutigt hat, sich künftig auf eine Weise um Robert Walser zu kümmern, dass er nach dem Tod von Walsers Schwester Lisa sogar zu dessen Vormund bestellt wurde, ist durchaus möglich. Jedenfalls unterstützte Hesse jede von Seelig unternommene Initiative zugunsten seines Kollegen und schrieb 1937 eine ausführliche Besprechung des Lesebuches »Große kleine Welt« mit Walsers Kurzgeschichten, das Seelig zusammengestellt und für das er einen Schweizer Verleger gewonnen hatte. Die Umschlaggestaltung des Buches übernahm Hesses von Dresden nach Montagnola emigrierter junger Malerfreund Gunter Böhmer, der auch den Schutzumschlag zu der 1950 von Carl Seelig besorgten Neuausgabe des Walser-Romans »Jakob von Gunten« und seines Buches »Wanderungen mit Robert Walser« (1957) entwarf (eine Beschäftigung mit der Welt dieses Dichters, die 1983 in Böhmers kongenialem Illustrationszyklus zur bibliophilen Ausgabe des »Gehülfen« gipfelte, die in der Büchergilde Gutenberg erschien). In einer 1937 von der Basler »Nationalzeitung« veröffentlichten Besprechung von »Große kleine Welt« zieht Hesse Bilanz: »Dieser merkwürdige von den Zunftgenossen von allem Anfang an beachtete Dichter trat nicht als urchiger Eidgenosse und stämmiger Heimatkünstler auf, sondern, so schweizerisch er war, fiel er gerade durch das Gegenteil von dem auf, was üblicherweise zu den charakteristischen Eigenschaften des Deutschschweizers zu gehören schien, vor allem zeigte er von Anfang an eine magische Verliebtheit in die Sprache und bildete sich in wenigen Jahren zwischen dem ›Fritz Kocher‹ und den ›Geschwistern Tanner‹ zum Meister der anmutigsten, graziösesten deutschen Prosa aus, welche damals geschrieben wurde, und er ist bis heute nicht übertroffen worden oder im geringsten veraltet.« Freilich gebe es unter seinen kleinen, scheinbar schwerelosen Prosastücken, die Hesse interessanterweise zu Walsers reizvollsten Arbeiten zählt, einige, »in welchen der Inhalt, der anfangs da zu sein oder doch versprochen schien, sich unter einem graziösen Geschnörkel sprachlicher Belustigungen vollkommen verlor und verflüchtigte. Dies war es auch, was viele seiner Landsleute hinderte, sich mit diesem Dichter zu befreunden. Sie merkten nicht, dass inmitten dieser spielerischen Sprachkunst überall auf fast jeder Seite echte dichterische Visionen sich fanden, dass dieser Dichter […] oft mit einer einzigen Gebärde die Schönheit der Welt, die Schauer des Natürlichen, Leid und Verklärung des Menschentums unvergesslich und mahnend« aufgezeigt habe. »Die Heimat«, schließt Hesse seinen Appell an die Leser, »ist diesem Dichter bis heute nicht gerecht geworden. Beklagt hat er sich nie. Er ging still seinen Weg, nichts aus sich machend, einen schweren Weg, im jugendlichen Schlenderschritt des heiteren Flaneurs begonnen, später durch manche wohlgeheizte Hölle führend. Es müsste wirklich mit dem Teufel zugehen, wenn wir es nicht noch erlebten, dass dieser Dichter nicht nur von Einzelnen geliebt, nicht nur von Kennern gerühmt, sondern von seinen Landsleuten wirklich in seinem Wert erkannt wird. An der Kritik hat es nie gefehlt. Walser ist früh erkannt und gewürdigt worden, auch in der Schweiz. Aber er blieb allzu sehr ein Dichter für die ›Gebildeten‹ [...] Seine Wirkungsmöglichkeit ist damit nicht erschöpft.«

In einer konzertierten Aktion gelang es Carl Seelig, auch von Stefan Zweig, Alfred Polgar, Ernst Glaeser, Heinz Politzer, Albert Steffen und Max Brod rühmende Besprechungen für dieses Buch und seinen Schützling zu lancieren. Aber auch diesmal blieb es nur bei einer einzigen Auflage und einem so geringen finanziellen Ertrag, dass Walser fürchten musste, in ein Armenhaus eingewiesen zu werden. »Wir wollen jetzt beim Schriftstellerverein eine Ehrengabe für ihn beantragen«, schrieb Hesse im März 1938 an den befreundeten Literaturkritiker Otto Basler. »Da hat nun die Schweiz ausnahmsweise einmal einen Dichter gehabt, der wirklich deutsch konnte und man muss mit dem Teller einsammeln gehen, damit er seine sehr dürftige Existenz, meist in der 3. Klasse von Anstalten, fortführen kann! Was ein Flugzeug in Spanien in einem einzigen Wurf an Bomben abwirft, kostet mehr als was hier nötig wäre.«

In einem ausführlichen Bittschreiben an Hesse hatte Robert Walsers Schwester Lisa um seine Mithilfe gebeten, um das Armenhaus von ihrem Bruder abzuwenden, und Hesse antwortete umgehend: »Ich habe Ihr Anliegen sofort in Angriff genommen, habe mich mit Carl Seelig in Verbindung gesetzt und vor allem ein Schreiben an den Schriftstellerverband aufgesetzt, in dem ich den Vorschlag einer Gabe für Ihren Bruder energisch empfohlen und begründet habe [...] Dank für Ihre Nachrichten, es war mir lieb und ergreifend, all diese Berichte über den lieben Dichter zu erhalten. Sehr bedaure ich jetzt, dass ich meinen Brief an den Schriftstellerverein nicht kopiert habe, sonst würde ich Ihnen den Durchschlag beilegen; Sie würden sehen, dass ich mir Mühe gegeben habe, die geplante Gabe an Robert Walser auch durch sachliche Urteile zu rechtfertigen. Noch eine kleine Bitte: Da nächstens Ihres Bruders 60. Geburtstag ist, bitte ich Sie die beiliegende Kleinigkeit für irgendeine kleine Gabe zu verwenden, die ihm Freude machen könnte.« Hesses Schreiben an den Schriftstellerverein hatte Erfolg und erbrachte zusammen mit dem Ertrag einer Spendenaktion Carl Seeligs eine Summe, die es erlaubte, Walsers Aufenthalt in der Heilanstalt auch weiterhin zu finanzieren. »Die Schweiz«, schrieb Hermann Hesse in seiner Eingabe an den Schweizerischen Schriftstellerverein, »hat allen Grund, auf diesen Dichter stolz zu sein, und was er bis zu seiner Erkrankung veröffentlicht hat, genügt vollkommen, um ihm in der Geschichte der Literatur und der deutschen Sprache einen festen Platz zu sichern. Und gerade dass er den Begriff des Schweizer Schrifttums erweitert und um bisher hierzulande nahezu ganz

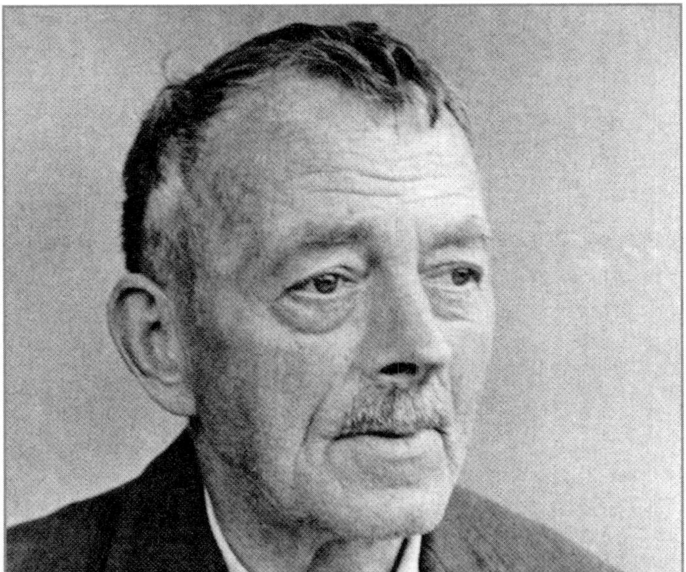

Robert Walser im April 1949 in der Nervenheilanstalt von Herisau

unbekannte Nuancen bereichert hat, müssen wir ihm umso mehr zum Verdienst anrechnen, als gerade diese Differenzierung ihn zum populären Autor oder auch nur zum Lieblingsautor eines höher gebildeten Kreises in der Schweiz ungeeignet macht. An uns ist es, hier zwischen Quantität und Qualität zu unterscheiden. An uns ist es auch zu erkennen, dass die scheinbar unschweizerischen Nuancen in Walsers Dichtung, das anmutig Verspielte, das melodiös Zierliche, bei ihm mit höchst bodenständigen nationalen Eigenschaften zusammentreffen, vor allem mit einer ganz unbändigen Liebe zur Freiheit und Unabhängigkeit, und einem hartnäckigen, durch keine Macht und keine Not zu beeinflussenden Festhalten an seiner Eigenart. So selten ich mir erlaube, in den Angelegenheiten unseres Vereins mitzureden, so herzlich möchte ich diesmal befürworten, dass das irgend Mögliche für Robert Walser geschieht.«

Obwohl Walser in der Anstalt von Herisau, wo er laut Carl Seeligs Mitteilungen an Hesse »meist bei sehr klarem Verstand« Stanniol und Altpapier zu sortieren hatte, nichts mehr schrieb, verfolgte er anfangs noch gleichmütig das Echo auf die Wiederbelebungsversuche, die Carl Seelig mit seinen Schriften unternahm. Dabei entging ihm nicht der Unterschied zwischen der Art, wie Eduard Korrodi, der Feuilletonchef der »Neuen Zürcher Zeitung«, und wie Hermann Hesse in der Basler »Nationalzeitung« auf den von Seelig herausgegebenen Sammelband »Große kleine Welt« reagierten: »Die Zürcher Zeitungsbesprechung scheint ein bisschen geringschätzig ausgefallen zu sein«, teilt er am 8. November 1937 Carl Seelig mit. »Hesse schreibt netter, ernster. Finden Sie nicht auch?«

Natürlich konnte es bei Seeligs langjähriger Vertrautheit mit Hesse nicht ausbleiben, dass auf den fast 50 Wanderungen, die er bei seinen Besuchen in Herisau von 1936 bis 1955 mit Robert Walser unternahm, immer wieder auch die Rede auf diesen Kollegen kam. So berichtet Seelig unter anderem in einem Schreiben vom April 1938 an Hesse: »Im Verlauf des Gesprächs sagte RW: ›Der Hermann Hesse ist ein lieber Chaib [Kerl], aber leicht gemacht hat er es mir nicht. Immer wurde er mir von Verwandten und Bekannten als Vorbild hingehalten. Was ich schrieb, fanden sie immer zu blöd und nichtssagend.‹« Vielleicht hat Seelig bei seinen Gesprächen mit Robert Walser etwas zu häufig die Rede auf Hesse gebracht, was Wunder, dass Walser bei seiner Animosität immer gereizter darauf reagierte. So überliefert Seelig in seinem 1957 veröffentlichten Buch »Wanderungen mit Robert Walser« auch Äußerungen wie diese: »Wissen Sie, was mein Verhängnis ist? Passen Sie gut auf! All die herzigen Leute, die glauben, mich herumkommandieren und kritisieren zu dürfen, sind fanatische Anhänger von Hermann Hesse. Sie vertrauen mir nicht. Für sie gibt es nur ein Entweder-Oder: ›Entweder du schreibst wie Hesse oder du bist und bleibst ein Versager.‹ So extremistisch beurteilen sie mich. Sie haben kein Vertrauen in meine Arbeit und das ist der Grund, weshalb ich in der Anstalt gelandet bin. – Mir hat halt immer der Heiligenschein gefehlt. Nur mit ihm kann man in der Literatur arrivieren. Irgendein Nimbus von Heroismus, von Duldertum und dergleichen, und schon ist die Leiter zum Erfolg da. [...] Schon mein literarisches Debut musste den Eindruck erwecken, als mopse ich mich über die guten Bürger, als nehme ich sie nicht für ganz vollwertig. Das haben sie mir nie vergessen. Darum blieb ich für sie immer eine dicke Null, ein Galgenstrick. Ich hätte ein wenig Liebe und Trauer, ein wenig Ernst und Beifall in meine Bücher mischen sollen – auch ein wenig Edelromantik, wie es Hermann Hesse im ›Peter Camenzind‹ und im ›Knulp‹ getan hat. Sogar mein Bruder Kari hat mir das gelegentlich auf zarten Umwegen vorgehalten.«

So wäre also Hesse mitverantwortlich für Walsers Misserfolg und Anstaltsexistenz? Auch heute noch neigen zahlreiche Freunde Robert Walsers dazu, an diesem Feindbild festzuhalten, denn Sündenböcke ersparen bekanntlich das Nachdenken. Aber keiner hat sich je gefragt, ob Robert Walsers Schicksal wirklich anders verlaufen wäre, wenn es Hermann Hesse nicht gegeben hätte. Als ob damit die Ursache, nämlich Walsers unkonventionelle und doppelbödige Darstellungsweise, aus der Welt gewesen wäre! Man darf wohl vermuten, dass dann andere Kollegen, wie seine populären Landsleute J.C. Heer, Ernst Zahn, Jakob Schaffner oder Rudolf von Tavel, ihm als Vorbild empfohlen worden wären, deren Bücher mit traditionell schweizerischem Ambiente genau das bieten, was das Publikum am meisten schätzt und was Walsers Fortschrittlichkeit ihm verweigert: einen straffen und spannenden Handlungsverlauf, eine idealisierende bis heroisierende Charakterisierung ihrer Figuren mit offensichtlichen Konflikten und Lösungen. Nur mit erheblichen Einschränkungen ließe sich dies auch von Hesses Büchern sagen, deren Erfolg sich Inhalten verdankt, die denen Robert Walsers verwandt, aber durch ihren Verzicht auf formale

Extravaganz und parodistische Ironie zugänglicher sind. Dass Walser deshalb bevorzugt an ihm gemessen wurde, ist nicht verwunderlich. Doch macht er es sich zu leicht, die Schuld an der Missachtung seines Werkes dem Erfolgreicheren anzulasten, statt zu erkennen, dass die Zeit noch nicht reif war, das Progressive bei ihm wahrzunehmen. Denn immer hinkt ja das Publikum zukünftigen Entwicklungen um Jahrzehnte hinterher, bis es sie und deren Schrittmacher respektiert. So ist Robert Walsers Hesse-Obsession subjektiv zwar verständlich, objektiv aber doch wohl ein Kurzschluss und ein aufschlussreiches Beispiel dafür, zu welcher Distanz es selbst bei verwandten Naturellen kommen kann. Denn wo hat im Bereich der Kunst je eine wirkliche Leistung die andere unwirksam machen oder aufheben können? Dafür gibt es keinen besseren Beleg als die beachtliche Walser-Rezeption, die mittlerweile nicht nur in den deutschsprachigen Ländern eingesetzt hat. Dass diese im Gegensatz zu der parallel verlaufenden Hesse-Renaissance heute noch eher im akademischen Umfeld stattfindet und sich erst allmählich ein breiteres Lesepublikum erobert, ist bei der Unberechenbarkeit, der kühnen Verspieltheit, der durchtriebenen Naivität und Wortakrobatik, kurz: der Modernität von Walsers Erzählweise, nicht anders zu erwarten. Denn seine Satzgebilde, schrieb Hesse im April 1955, seien offenbar entstanden »aus dem ironischen Spiel mit dem Phrasenvorrat feuilletonistischer Literatur, lustiger und witziger als die meiste surrealistische Prosa von heute. Freilich spricht aus ihnen auch schon eine Vorstufe der späteren Krankheit des lieben Dichters.«

Weit entfernt davon, Robert Walser seine Ausfälle gegen ihn übel zu nehmen, hat Hesse ihnen sogar eine gewisse Berechtigung eingeräumt, wie einem 1958 an Carl Seelig gerichteten Brief zu entnehmen ist: »Walser hat in seinem unklugen Ressentiment gegen alle Erfolgreicheren ja doch einigermaßen recht. Niemand weiß besser als ich, dass meine Erfolge übertrieben und großenteils unverdient sind. Zum Teil werden sie freilich kompensiert durch die Jahre der Ächtung, der Verleumdungen, der Hassartikel und Drohbriefe, sowie der Boykotts meiner Bücher.«

Aus jener Zeit des Boykotts stammt auch ein letztes mit einem Aquarell versehenes Briefchen Hesses an den in Herisau Internierten, das offenbar unerwidert blieb. Im August 1943, nachdem ihm von seinem Berliner Verlag das Manuskript seines Alterswerks »Das Glasperlenspiel« aus politischen Gründen als unpublizierbar zurückgesandt worden war und auch er darüber die Lust am Produzieren verloren hatte, schrieb er:

»Lieber Herr Walser
wir sind alte Leute geworden, und mit dem Arbeiten will es nicht mehr gehen. Auch lesen kann ich nicht mehr viel. Aber hie und da, wenn ich etwas Schönes lesen will, nehme ich eins von Ihren lieben Büchern und lese darin, gehe mit ihnen durch die schöne Welt spazieren und habe meine Freude daran. Das habe ich soeben wieder einmal getan und wollte es Ihnen sagen. Es grüßt Sie

Ihr Hermann Hesse«

Dem Schweizer Schriftsteller Traugott Vogel, der 1950 in seine Schriftenreihe »Der Bogen« neben Texten von Hesse auch Robert Walsers Erzählung »Die Schlacht bei Sempach« aufgenommen hatte, schrieb Hesse am 22. Oktober 1950: »Besonders freut es mich, dass Walser mit dabei ist. Dem ist sein Vaterland alles schuldig geblieben: Das Erkennen seiner großen Sprachbegabung, das Verständnis für die Eigenart seiner Dichtung und seines Lebens und das bisschen Brot ohnehin, das jeder pensionierte Affe von einem Staatsbeamten bekommt. Ich hoffe, Sie können noch mehr von Walser für die Bogen bekommen! Es wird ja ohnehin schwer sein, das Niveau zu wahren, die Dilettanten und ehrgeizigen Nichtskönner werden sich reichlich melden.« Ähnlich äußerte er sich auch gegenüber seinem Sohn Bruno: »Walser hat recht gehabt, sich um die Welt keinen Pfifferling mehr zu kümmern und sich in Heilanstalten zurückzuziehen. Die Schweiz mit all ihren Professoren und Radio-Direktoren mit ihren gutbezahlten Posten, von denen keiner auch nur einen einzigen Satz so gutes Deutsch wie Walser schreiben kann, hätte ihn ruhig verhungern lassen, wenn er sich nicht in die Irrenanstalt gerettet hätte.«

Am ersten Weihnachtstag des Jahres 1956 ist Robert Walser von einem einsamen Ausflug in der Umgebung von Herisau nicht mehr zurückgekehrt. Zwei Kinder fanden ihn am Nachmittag im Schnee liegend. Er war an einem Herzversagen gestorben. In einem Kondolenzschreiben an Carl Seelig würdigte Hesse nochmals dessen Einsatz: »Alle, die Walser geliebt haben, müssen Ihnen dankbar sein und nicht alle werden das aussprechen. Ich bin Ihnen dankbar dafür,

Robert Walser, 1954

Schnee

Es schneit, es schneit, bedeckt die Erde
mit weißer Beschwerde, so weit, so weit.

Es taumelt so weh, hinunter vom Himmel,
das Flockengewimmel, der Schnee, der Schnee.

Das gibt dir, ach, eine Ruh, eine Weite,
die weißverschneite Welt macht mich schwach.

So daß erst klein, dann groß mein Sehnen
sich drängt zu Tränen, in mich hinein.

17

Illustration von Karl Walser zu einem der Schneegedichte seines Bruders dass Sie durch so viele Jahre sein einsames Leben mit Freude und einem Schimmer von Kameradschaft erhellt haben, dass Sie sein Werk behüten und sein Andenken bewahren helfen.«

Leider hat Robert Walser die Auferstehung seines Werkes durch den editorischen Einsatz von Jochen Greven, Bernhard Echte und Werner Morlang nicht mehr erlebt und nichts von dem überwältigenden Echo mehr erfahren können, mit dem die 20-bändige Ausgabe seiner Werke und die sechs weitere Bände umfassende Transkription seiner Mikrogramme von der Literaturwissenschaft und den Medien begrüßt wurde. Er hat sich mit dem Ertrag aus nur einem Drittel seines Schaffens begnügen müssen. Mehr wagten die Verleger seiner Zeit nicht zu veröffentlichen. Doch so wenig es auch war, was er außer der Freude am Produzieren davon hatte, das damalige Echo darauf wäre gewiss wohl noch spärlicher ausgefallen ohne die kontinuierliche und unbeirrbare Förderung von weitblickenden Zeitgenossen wie Hermann Hesse.

Weil aber der von Walser geschaffene Kosmos eine so einzigartige Bereicherung unseres Wahrnehmungsfeldes und unserer sprachlichen Ausdrucksmöglichkeiten ist, fällt es uns nicht schwer, ihm den Stolz zu verzeihen, Hermann Hesse nicht gerechter geworden zu sein. Wer so viel geleistet hat, will niemandem etwas verdanken müssen.

Der tote Robert Walser im Schnee am 25 12.1956

Hermann Hesse

Hermann Hesse

ÜBER ROBERT WALSER

Seit ein paar Jahren gibt es eine jungschweizerische Literatur, die mit der bisherigen nichts gemein zu haben scheint und weder im bösen noch im guten Sinn den Namen Heimatkunst verdient oder nötig hat. Es sind einige Neue aufgetaucht, mit neuen Manieren und Gesichtern, eine kühne und liebenswürdige Jugend, welche gleich wieder unter einen Hut und Namen bringen zu wollen töricht und unrecht wäre. Immerhin haben diese neuen Schweizer Dichter, bei großer Verschiedenheit der Persönlichkeiten, viel auffallend Gemeinsames. Sie sind modern, sie scheinen freier von Humanistik und Schulästhetik als noch die letzten der vorigen Generation, sie haben eine besondere Liebe zur sichtbaren Welt, und sie sind Städter. Das heißt, sie lieben, kennen und schildern weniger die einst beliebte Welt der Dörfer und Sennhütten als die der Städter und des modernen Lebens, und ihr Schweizertum tritt nicht absichtlich und betont hervor, sondern äußert sich ungewollt, wenn schon deutlich genug, teils in der Denkart, teils in Wortwahl und Satzbau. Zu diesen Jungschweizern, von denen hier nur Jakob Schaffner und Albert Steffen im Vorübergehen mit Hochachtung genannt seien, gehört auch Robert Walser. Sein erstes Büchlein, ein kokett elegantes Ding mit lustigen Zeichnungen des Bruders Karl Walser, erschien vor fünf Jahren im Inselverlag. Ich kaufte es damals auf sein nettes, originelles Aussehen hin und las es auf einer kleinen Reise. Es hieß »Fritz Kochers Aufsätze«. Zunächst schienen diese merkwürdigen, halb knabenhaften Aufsätze spielerische Abhandlungen und Stilübungen eines rhetorisch veranlagten jungen Ironikers zu sein. Was an ihnen auffiel und fesselte, war ihr gepflegt nachlässiger, flüssiger Vortrag, die Freude am Hinsetzen leichter, netter, lieber Sätze und Satzteile, die bei deutschen Schriftstellern erstaunlich selten gefunden wird. Es standen auch einige Bemerkungen über sprachliche Dinge darin. Zum Beispiel in einem sehr lustigen Aufsatz über den Commis die Sätze: »Beim Ansetzen der Feder zaudert ein tüchtiger Commis einige Augenblicke, wie um sich gehörig zu sammeln, oder wie um zu zielen wie ein kundiger Jäger. Dann schießt er los, und wie über ein paradiesisches Feld fliegen die Buchstaben, Worte, Sätze, und ein jeder Satz hat die anmutige Eigenschaft, meist sehr viel auszudrücken. Im Korrespondieren ist der Commis ein wahrer Schelm. Er erfindet in raschem Fluge Satzbildungen, die das Erstaunen von vielen gelehrten Professoren erwecken dürften.« – Neben dieser Koketterie und Redelust, diesem Spielen mit Worten und leichten Ironisieren kam aber schon in jenem ersten Büchlein gelegentlich ein Aufleuchten von Liebe zu den Dingen, von wahrer, schöner Menschen- und Künstlerliebe zu allem Existierenden und warf über leichte, kühl helle Seiten rednerischer Prosa den warmen, innigen Schein der echten Dichtung.

Indessen stand das hübsche Büchlein im Schrank und wurde allgemach vergessen. Zwei Jahre später hörte ich in Zürich die jungen Leute heftig über ein neues Buch reden, so begeistert und wieder gehässig, daß ich neugierig ward und mir das Buch kommen ließ. Es war der Roman »Geschwister Tanner« von Walser. Ich wußte seinen Namen nicht mehr; aber als ich die entzückenden ersten Seiten gelesen hatte, fiel mir sofort jenes Aufsatzbüchlein wieder ein, und es war richtig derselbe Dichter. Alles was dort mir gefallen und mißfallen hatte, war hier im neuen Buch, einem stattlichen Roman, noch stärker und farbiger ausgedrückt. Diesmal las ich schon mit warmer Herzensteilnahme, nicht mehr bloß mit stilistischem Interesse, sondern gefesselt durch das Wesen des Dichters selbst, das bald in einem raschen Zuge seelenhaft aufzuleuchten, bald halbabsichtlich von kühlen Gebärden versteckt schien. Wieder genoß ich den leisen, selbstverständlichen Fluß der Prosa, den die deutschen Schriftsteller meist so sehr geringschätzen, wieder fand ich entzückend Lustiges und innig Rührendes nebeneinander, und wieder ärgerten mich gewisse Sorglosigkeiten und Frechheiten grimmig. Bald waren es freche Naivitäten in der Betrachtung der Dinge selbst, bald sprachliche Bummeleien. Im übrigen war das Buch eine einfache, sanft erzählte

Jugendgeschichte, und es war hier wie in »Kochers Aufsätzen« nicht irgend ein »Stoff« behandelt, sondern der Autor begehrte nichts, als sich und seine Art auszusprechen, die Gebärde für sein inneres Wesen zu finden. Ich gewann das Buch so lieb, daß ich über seine Vorzüge und Fehler viel nachdenken mußte, namentlich über die Fehler, oder was ich dafür hielt, und am Ende wußte ich selber nimmer sicher, ob ich wirklich diese »Fehler« hätte vermissen mögen.

Das waren die »Geschwister Tanner«. Mit diesem Buch gewann Walser eine Art von literarischem Ruf und Achtungserfolg, der seither gewachsen ist, ohne daß doch seine Bücher wirklich unter die Leute gekommen wären.

Trotz der scheinbaren Beweglichkeit und artistischen Sachlichkeit der »Aufsätze« zeigte schon das zweite Buch seinen Dichter als einen Lyriker und Subjektiven, der vor allem sich selber darzustellen und auszusprechen trachtet und dessen Vorstellungen und Gedanken den Kreis eines umhegten Bezirkes eigener Erlebnisse und Erinnerungen nicht gern verlassen. Der »Commis« der Kocher'schen Aufsätze war zum Symbol geworden. Er war der Held der »Geschwister Tanner« und trat wieder auf in Walsers nächstem Roman »Der Gehülfe«.

Ob dieser Gehilfe wesentlich besser und reifer ist als die Tanner, oder ob nur mein stilles inneres Verhältnis zum Dichter sich seither befestigt und geklärt hat, weiß ich nicht zu sagen. Jedenfalls habe ich es aufgegeben, mich mit den »Fehlern« dieser Bücher zu beschäftigen, obwohl einzelne mich immer noch ärgern können. Dieser gelegentliche Ärger ist aber nichts als die Kehrseite und notwendige Ergänzung einer richtigen Liebe.

Man muß Walsers Bücher, falls man sie überhaupt lesen mag und verträgt, richtig lieben. Im »Gehülfen« sehen wir wieder monatelang einem armen Teufel von Commis zu, in die rührende Kleinheit seiner Verhältnisse und Sorgen aber lacht seine Liebe zur Welt und sein offenes Kinderherz. Dabei läuft die Geschichte selber wieder ihren leisen, schlanken Gang mit stiller Meisterschaft. Während des Lesens achtet man nur der Stücke, der schönen Stellen und Einzelheiten, erst nachher steht das Ganze als ein ansehnlicher Bau vor uns. Dann wundert und freut man sich, wie die Durchschnitts- und Alltagsmenschen des Buches einem lieb und wichtig werden konnten, und nimmt nachträglich den Hut ab vor dem Dichter, dem man während der Lektüre häufig meinte auf die Schultern klopfen zu dürfen wie seinem Commis. Ach, und wie leuchtet und wechselt und atmet das bewegliche Lebensgefühl dieses heimlichen Lyrikers! Wie gut weiß er den Ausdruck und die Farbe und den Geruch der Jahreszeiten, Tage und Tageszeiten! Wie wohl unterscheidet er zwischen den Tagen, wie wird er jedem Sommer und jedem ersten Schnee gerecht! Das kann man keinem Professor klar machen, wenn er es nicht in sich hat, dieses Erstaunen vor dem Selbstverständlichen, dieses Bewundern des Natürlichen, dieses hingegebene Schwimmen und Atmen im Blauen oder Grauen, Heißen oder Kühlfeuchten. Wie beim Duft einer alten feuchten Mauer vergangene Lebensjahre heraufsteigen und wieder da sind, wie beim blechernen Klang einer umgeworfenen Gießkanne lange reiche Ketten von Vorstellungen heraustaumeln und leben und ihr Recht verlangen, das kennt und versteht Robert Walser merkwürdig

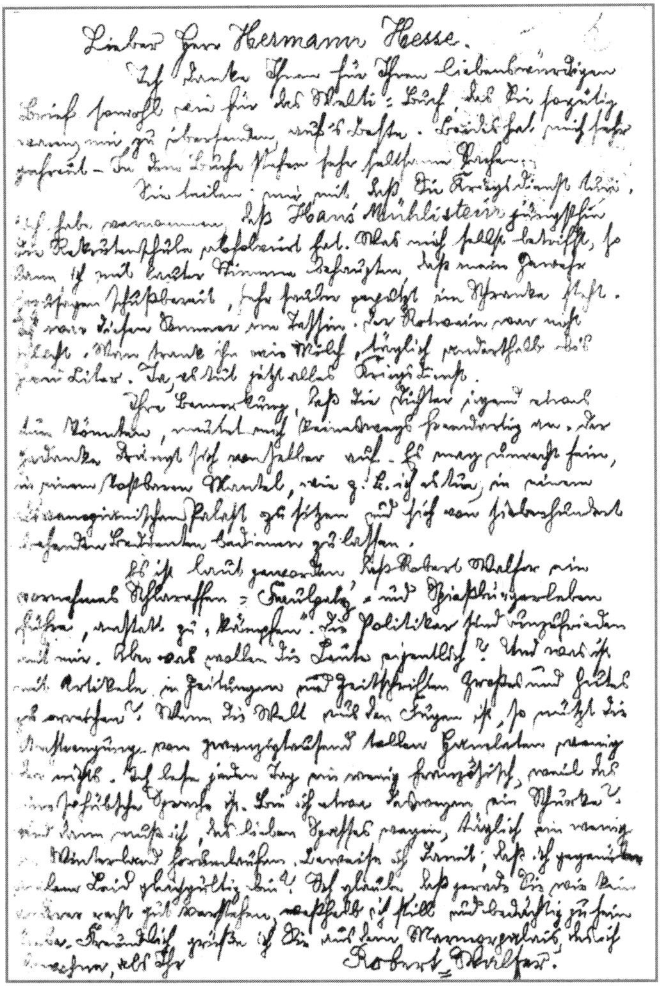
Lieber Herr Hermann Hesse.

Robert Walser.

Briefe von Robert Walser an Hermann Hesse

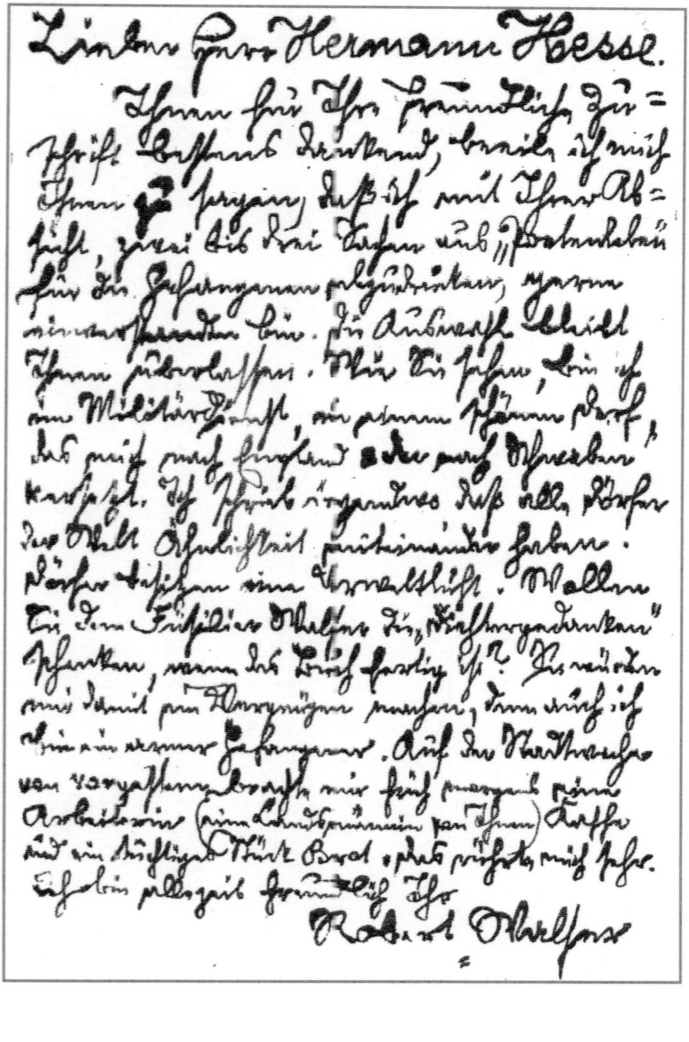

Lieber Herr Hermann Hesse.
Ihnen für Ihre freundliche Zu=
schrift bestens dankend, beeile ich mich
Ihnen zu sagen, daß ich mit Ihrer Ab=
sicht, zwei bis drei Sachen aus „Poetenleben"
für die Gefangenen abzudrucken, gern
einverstanden bin. Die Auswahl bleibt
Ihnen überlassen. Wie Sie sehen, bin ich
im Militärdienst, in einem schönen Dorf,
das mich nach England oder nach Schwaben
versetzt. Ich spüre irgendwie daß alle Dörfer
der Welt Ähnlichkeit miteinander haben.
Dörfer besitzen eine Urweltlichkeit. Wollen
Sie dem Füsilier Walser die „Gefangenendrucke"
schenken, wenn das Buch fertig ist? Sie würden
mir damit ein Vergnügen machen, denn auch ich
bin ein armer Gefangener. Auf der Nachtwache
von vergangener Nacht brachte mir früh morgens eine
Arbeiterin (eine Landsmännin von Ihnen) Kaffee
und ein tüchtiges Stück Brot, das rührte mich sehr.
Ich bin allezeit freundlich Ihr
Robert Walser

fein, und das macht ihn zu einem bedeutenden Dichter, nicht seine hübsche Stilsicherheit und alles andere Äußerliche, das man von einander lernen oder abschreiben kann. Das Verstehen und Liebhaben und Mitlebenkönnen des »Gehülfen« bleibt aber nicht bei Landschaft, Jahreszeit und Witterung stehen, sondern umfaßt die Menschen seiner Nähe, von denen er keinen hassen kann, von denen jeder ihm merkwürdig und interessant und irgendwie lieb wird. In dieser Hinsicht ist mir das Gespräch des Gehilfen mit seinem besoffenen und verelendeten Vorgänger ernstlich lieb geworden.

Schon »Kochers Aufsätze« waren mit Zeichnungen von des Dichters Bruder Karl Walser geschmückt, originellen, sorglosen, lustig krausen Blättchen von großer Frische, und sie paßten in ihrer ganzen Art vortrefflich zum Buch. Man fühlte deutlich, daß sie aus derselben Familie kamen. Auch sie waren träumerisch-lässig, dabei ironisch, voll Gefühl für die charakteristische Gebärde und von einer gewissen schwerfälligen Grazie. Nun hat dieser Bruder zu Walsers »Gedichten« eine Anzahl kleiner Radierungen gemacht. Sie wurden kokett und kühn in den Text gedruckt und ergaben ein sehr hübsches, amüsantes, elegantes Buch in kleinem Quartformat, recht ein Vergnügen für Bücherhechte und Sammler. Das Sonderbare und wahrhaft Schöne an dem Buch ist, daß Text und Bilder nicht nur erträglich zusammengehen, wie es ja auch sonst gelegentlich einmal glückt, sondern daß sie ihre Brüderlichkeit erweisen und bewähren und fein und einträchtig beieinander hausen. So hat man seine Freude daran und findet auch den Dichter mit allen seinen wesentlichen Zügen erfreut in seinen Gedichten wieder.

Sonst aber ist wenig darüber zu sagen. Die Gedichte sind originell, empfunden, erlebt, aber sie sind nicht gut. Wenn man schon Verse macht, dann lieber gleich gute. Hier reicht das Ideal des flottschreibenden Commis nicht aus. Damit ist nicht gesagt, daß das Buch keine schönen Gedichte enthalte. Aber sie sind rar darin, und wenn man sich das Häuflein Gedichte ohne die Bilder einfach in Oktav gedruckt vorstellt, was freilich eine Roheit ist, so machen sie einen etwas armen Eindruck. Dem Manne, dessen Prosa so voll Lyrik steckt, quellen die Verse nicht leicht und zwingend. Wohl empfindet man den Rhythmus als echt, die Sachen sehen aus wie im Schlendern leis gesummt. Auch begegnet man gleich auf der ersten Seite mit Schmunzeln dem wohlbekannten Commis wieder, dessen erste Strophe schon im Fritz Kocher anklang:

Der Mond sieht zu uns herein,
er sieht mich als armen Commis
schmachten unter dem strengen Blick
meines Prinzipals,
ich kratze verlegen am Hals.

Das ist drollig und lieb, in seiner ungenierten Naivität oder naiven Pose ganz Walserisch.

Und soeben kam Walsers neues Buch, der »Jakob von Gunten«. Er bringt die alte Geschichte, der Jakob ist Kocher, ist Tanner, ist der Gehilfe Marti, ist Robert Walser. Auch der Ton ist der alte. Wieder diese schlaue Freude darüber, daß man die Welt reflektierend betrachten und dabei zugleich das Unnötige und Luxuriöse dieses Tuns empfinden kann. Und wieder dieses echte Dichtererstaunen darüber, wie sonderbar die Welt uns ansieht, wie wechselnd und beredt ihr Ausdruck ist, wie im eigenen Wesen gutmütig Selbstverständliches und erschreckend Tolles ruhig nebeneinander liegt. Hier ist alles, was in den früheren Büchern zum Teil hübscher und liebenswürdiger klang, vertieft und herber geworden, die Menschen sehen uns verzerrt und dennoch unheimlich lebenswahr wie aus allzu nah aufgenommenen Photographien an, wo jede Falte und Runzel eines augenblicklichen Zuckens erschreckend tief und fest und bedeutsam aussieht. Die Tagebuchform entspricht dem Konfessionsbedürfnis des Dichters, der im Wiederholen und beinahe verbrecherhaften Umkreisen dunkler Punkte im eigenen Wesen oft an Knut Hamsun erinnert.

Was sich eigentlich bei einem Dichter ganz von selber verstehen sollte, meistens aber nicht versteht, die Originalität des Ausdrucks und Freimütigkeit des persönlichen Auftretens, das hat Walser, und da er nebenher bei aller frechen Sorglosigkeit mit der Sprache doch respektvoll umgeht wie mit einem hoch geachteten, doch vertrauten Freund, wird es nicht mehr lang angehen, ihn zu übersehen. Man kann ihn lieben, man kann über ihn lachen, man kann sich über ihn ärgern und sich wieder mit ihm versöhnen – mit wie vielen von unseren berühmten Dichtern können wir das?

(Aus: »Der Tag«, Berlin, vom 28.4.1909)

Robert Walser im April 1939, Foto: Karl Walser

Robert Walser um 1906 in Bern

»Ohne Liebe ist der Mensch verloren«
Zu Robert Walsers Liebesgeschichten

I

»Ich habe einen ganz entsetzlich großen Fonds an Liebeskraft in mir, und jedesmal wenn ich auf die Straße trete, fange ich an, irgend jemand lieb zu gewinnen.« Dieses Bekenntnis aus Robert Walsers nachgelassenem »Räuber«-Roman, womit die Hauptfigur des Buches, der unfreiwillige »Räuber«, seinem Arzt die Diagnose seiner »Krankheit« zu erleichtern versucht, ist charakteristisch für das ganze Werk dieses Dichters.

Ein gesellschaftliches Krankheitsbild, nämlich die wachsende Unfähigkeit zu zweckfreier Anteilnahme am Mitmenschen und an der Umwelt, wird nicht der Gesellschaft, sondern den wenigen Gesunden, die noch auf naive und ursprüngliche Weise darüber verfügen, als krankhafte Normwidrigkeit angelastet. Denn »heute will man jeden, der noch ein klein wenig sich selbst gehört, gleich auf die schwarze Liste der Sonderlinge werfen, was von einer geradezu tragischen Voreiligkeit ein ungemein glänzendes Zeugnis ablegt und auch von einer in der Gesellschaft leider zu tief eingerissenen Bequemlichkeit in Sachen Menschenverkehr und Menschenbehandlung«, notiert Walser in einem Brief aus der Entstehungszeit des »Räuber«-Romans. Alle seine Bücher, seine Romane sowie Hunderte von Kurzgeschichten und Gedichten, sind voll Liebeserklärungen an die Welt und voll dankbarer Vergegenwärtigung auch ihrer beiläufigsten Erscheinungsformen. Was immer er schildert, Landschaften im Wechsel der Tages- und Jahreszeiten, Dörfer, Städte, Tiere oder Menschen, alles betrifft ihn. Aber nicht nur die Verluste und Verletzungen sind es, die ihn produktiv machen. Dieselbe Aufmerksamkeit, die man sonst in der Regel einzig auf die Ergründung und Kompensation von Unlustgefühlen oder auf das Lecken der uns beigebrachten Wunden verwendet, ist bei Walser für alle Erlebnisse da, für die erfreulichen nicht weniger als für die deprimierenden. Keine Zielstrebigkeit engt seine Wahrnehmung ein, keine Besitzgier diktiert ihm eine Richtung. Die Objekte seines ganz ursprünglichen »Kapitals an Liebeskraft« sind durchaus nicht beschränkt auf das andere Geschlecht. Der Gartenzaun im Schnee oder die Vielgestalt der Wolken wird von Walser mit derselben Hingabe erlebt wie die Reize der Mädchen, an denen er uns teilhaben läßt mit Beobachtungen wie: »[...] es gibt Mädchen, die aussehen, als wären sie körpergeformte Töne und klingende Blumen und duftendes Licht und gedichtete Düfte und unwahrscheinliche Wirklichkeiten und auf Wirklichkeit basierende Trugbilder [...] und Hirtinnen, die zugleich Schäfchen sind, und Unanrührbarkeiten und wieder zugleich

Erscheinungen, die bestimmt sind, in eine Unaufhörlichkeit hinein liebkost zu werden, so, als könnten sie bloß im Angefasstwerden gedeihen.«

Nur wenige Autoren seiner Generation haben sich den sinnlichen Reizen so unbefangen gestellt und dem scheinbar Irrationalen so viel abgewonnen wie Robert Walser. Er hat das Irrationale nicht als Feind der Vernunft unterdrückt, sondern es im Gegenteil als Voraussetzung, Produktionsmittel und Antrieb begrüßt, um das Gefühl in den Verstand, das Unbewusste ins Bewusstsein zu übersetzen. Hermann Hesse, dessen Bücher aus vergleichbarem Impuls entstanden, hat 1923 in seinem autobiographischen Bericht »Kurgast« den ganzen Gegensatz dieser Haltung zu den Tendenzen unserer Zeit und ihrer Literatur festgehalten: »Von den Dichtern aber verlangt die jüngste Zeit [...], dass sie gerade das, was den Dichter ausmacht, die Erregbarkeit der Seele, die Fähigkeit, sich zu verlieren, die Fähigkeit zu lieben, zu glühen und sich hinzugeben und in der Welt der Gefühle das Unerhörte und Übernormale zu erleben – dass sie gerade diese ihre Stärke hassen und sich gegen alles wehren sollen, was sentimental heißen könnte. Nun ja mögen sie es tun; ich mache nicht mit, mir sind meine Gefühle tausendmal lieber als alle Schneidigkeit der Welt und sie allein haben mich davor bewahrt in den Kriegsjahren die Schneidigkeit der Sentimentalen mitzumachen.« Als er während des Ersten Weltkriegs in der Besprechung von Robert Walsers Kurzprosasammlung »Poetenleben« schrieb: »Wenn solche Dichter wie Walser zu den führenden Geistern gehören würden, so gäbe es keinen Krieg. Wenn er hunderttausend

Leser hätte, wäre die Welt besser. Sie ist, sei sie, wie sie wolle, gerechtfertigt dadurch, dass es Leute wie den Walser gibt«, so zielt das in dieselbe Richtung: Nicht das Emotionale ist schädlich, sondern seine Unterdrückung, weil es sich sonst früher oder später nur noch auf aggressive Weise Luft zu verschaffen vermag, sei es in Form von Krankheiten nach innen, sei es in Form kollektiver Aggression nach außen. So wie 1914 schon ein minimaler Anlass genügte, um die aufgestauten Repressionen des Wilhelminischen Zeitalters in einem Krieg zu entladen, der von der Bevölkerung mit einer Begeisterung akzeptiert wurde, deren Einmütigkeit den Historikern immer noch Rätsel aufgibt.

Obwohl »die Erregbarkeit der Seele, die Fähigkeit sich zu verlieren«, bei Walser keineswegs auf die geschlechtliche Anziehungskraft beschränkt und schon gar nicht ausschließlich an das Sexuelle gebunden sind, wendet sich fast ein Zehntel seiner Dichtungen der herkömmlichen Spielart der Liebe zu. Er schildert sie auf so eigenwillige und ungewöhnliche Weise, dass dabei – wie bei jedem originellen Gestalter – psychologische Muster wahrnehmbar werden, die weit über den Spezialfall Robert Walsers hinaus Gültigkeit haben. Das macht seinen Blickwinkel so ergiebig für uns selbst.

Kein emotionaler Bereich ist so affektbetont wie der der Liebe. Ganze Industrien leben mittlerweile in Symbiose mit den Reizen, Hoffnungen, Erwartungen und Illusionen dieses Antriebs, von dem Robert Walser sagte: »Wer nicht liebt, ist gestorben [...] Wer Lust zu lieben hat, steht von den Toten auf, nur wer liebt, ist lebendig.«

Angesichts der im Verlauf der Industrialisierung zunehmenden Verödung zwischenmenschlicher Beziehungen in der Anonymität einer Gesellschaft, die ihr emotionales Defizit durch einen Aktivismus betäubt, der immer rascher und hilfloser einzig um Ersatzbefriedigungen wie Wettbewerb, Profit und Konsum rotiert, der sich im Lärmpegel rasanter Motorisierung, Hardrockhappenings oder auf den Tribünen des Massensports austobt, ist diese Erkenntnis Robert Walsers eine Herausforderung, die jeden, der danach lebt, zum Außenseiter macht. In diese unfreiwillige Rolle gedrängt, reagiert Walser mit besonderer Hellhörigkeit auf die Produkte der Unterhaltungsindustrie und die Versuche ihrer Traumfabrikanten, das wachsende emotionale Vakuum als Marktlücke auszuschlachten, um es durch ihre trivialisierenden Surrogate in den kommerziellen Kreislauf einbeziehen zu können. Hat doch die Ausweitung der Massenmedien im Verlauf der letzten 150 Jahre in Presse, Film und Schlagerindustrie eine inflationäre Entwertung des Begriffs »Liebe« ausgelöst, mit der sich umso bessere Geschäfte machen ließen, je weiter die Begriffsverwirrung von Liebe und Sexualität getrieben wurde. Auf diese Entwicklung hat die Literatur und mit ihr Robert Walser immer sensibler reagiert. Daher mag es sich erklären, dass die meisten seiner Liebesgeschichten entlarvende Nacherzählungen solcher Trivialliteratur sind, worin er mit der ihm eigenen Unschuldsironie das Weltbild und somit alle Illusionen und Lebenslügen dieser literarischen Gattung durchleuchtet. Wie er dabei vorgeht, zeigt der Beginn seiner Skizze »Der Wanderer aus dem Jura«: »Wieder hätte ich hier eine jener Geschichten, die in Buchform vierzig Seiten stark sind, die man in Kiosken kaufen kann und von denen es amüsant ist, gleichsam einen Auszug zu machen, ihren Inhalt kondensiert wiederzugeben.« Das liest sich dann so: »Hier, o du verehrter Leser von schwedischen und nordischen Romanen [...] trete ich kniedick und -tief in das, was man den dänischen oder psychologischen Roman nennt [...] Kann ich mit meinem Liebhaber fortreisen und das Weite suchen, wenn ich gleichzeitig von Herzen gern bei meinem braven Gatten zu Hause sitzenbleiben möchte? Kann ich den Geliebten genügend lieben, wenn ich nicht aufzuhören vermag, den leibeigenen und zugewandten Gatten zu lieben? Hier, so dünkt mich, wimmle es von ächten, wo nicht gar von waschächten Seelen- und Romanproblemen.« Oder in der Erzählung »Die italienische Novelle«: »Vernimm«, sagt dort ein Verehrer, »dass ich leider nur ein zu gründlicher Kenner der italienischen Novelle bin und dass eben diese Wissenschaft unser Unglück ist [...] weil der Stil der italienischen Novelle an Schönheit, Saft und Kraft einzig dasteht und weil unsere Liebe keinen derartigen Stil aufzuweisen hat.« Oder als letztes Beispiel: Ein junger Liebhaber fasst endlich den Entschluss, sich zu entkleiden. Seine Partnerin ruft ihm aber flehend zu. »Tu doch so etwas nicht. Ach, wie ich mich vor dem Naturalismus fürchte! Gerade das viele Wissen ums Leben«, fügt Walser hinzu, »hatte sie diesem Leben gegenüber scheu gemacht.« (»Die keusche Nacht«)

Dennoch, bei aller Parodie solcher Produkte der Unterhaltungsindustrie, fällt auf, dass Walsers Spott sich vor allem gegen die Darstellung, seltener aber gegen die Personen in solchen Romanen wendet, ja dass er sogar mit Sympathie und Mitleid ihre Partei ergreift, wo immer ihre Verstrickungen das Ergebnis unfreiwilliger gesellschaftlicher Zwänge, Vorurteile oder steriler Rituale sind.

Von solchen parodistischen Nacherzählungen der gängigen Kolportageromane hebt sich die Mehrzahl seiner übrigen Liebesgeschichten ab. Sie sind nicht aus zweiter Hand, sondern gestalten vorwiegend Erlebtes, das sich sowohl durch die unverwechselbare Art der Schilderung wie auch durch die Eigenart von Walsers Verhältnis zum anderen Geschlecht von den herkömmlichen Erzeugnissen dieser Gattung unterscheidet. Da gibt es ganz unverbrauchte Erinnerungen und Impressionen von ersten Liebeserlebnissen mit Beobachtungen wie: »Vertrauter als [der Geliebte] konnte die eigene Seele nicht sein [...] atmen und an sie denken war für mich ein und dasselbe [...] ich bewunderte zum voraus alles, was sie sagte [...] wer lieben will, will nicht mehr sprechen, denn wer sprechen will, will nicht mehr lieben [...] jeder Schritt ist ein Erleben.« Ein Erleben, das sich plötzlich auch in der Außenwelt, die den Verliebten umgibt, spiegelt. Es sind treffsichere Beobachtungen, die den ganzen Gegensatz zu den nachempfundenen, pathetischen Redensarten jener Trivialliteratur offensichtlich machen, die Walser so gern parodiert. Erzählungen wie »Die Einladung«, »Das Liebespaar«, »Das Veilchen«, »Der Liebesbrief«, »Schwärmerei«, »Marie« und »Luise« verdanken ihre Eindringlichkeit nicht nur der realistisch-präzisen Beobachtung, sie enthalten auch, wie die Gestalt der Klara in den Romanen »Geschwister Tanner« und »Der Gehülfe«, Walsers Idealbild einer Zweierbeziehung, die er freilich lieber in poesievoller Schwebe belassen wollte, als sie sich durch eine dauerhaft bürgerliche Bindung zu desillusionieren. Schon in den frühesten dieser Erzählungen fällt auf, dass Walsers so eigentümlich weitgespannte Bereitschaft zu lieben keineswegs abhängig von einer Erwiderung ist: »Liebe entbehren«, schreibt er, »ja, das heißt lieben. Wenn ich nicht lieben soll, liebe ich zehnfach. Alles Verbotene lebt auf hundertfache Weise. [...] Was ist Geliebtsein gegen das blühende, holdselige Wunder, selber zu lieben!«

Manche dieser frühen Arbeiten sind noch fiktionale Wunscherfüllungen, worin die Mädchengestalten zu Idealbildern stilisiert werden. Weil Schönheit für ihn die sinnliche Erscheinungsform des Geistigen ist, schließt der Erzähler von der äußeren auf eine innere. Er braucht sie als Verkörperung und Katalysator eines besseren Selbst. Seine Liebe zu diesen Mädchengestalten wird ihm zum Stimulans, sich selbst zu erfahren und angesichts ihrer Idealität seine eigenen Ideale zu entwickeln. Ist diese Entwicklung möglich, dann erlebt er sich selbst so intensiv, dass er auf eine Erwiderung seiner Liebe gar nicht mehr angewiesen ist. Denn schreibend hat er sich eine so potenzierte Wirklichkeit geschaffen, dass sie die Realität übertrifft. »Für den Mann ist die Frau [...] etwas, dessen er, oft unausgesprochenerweise, zu höheren Zwecken bedarf«, heißt es im »Räuber«-Roman. Folgerichtig musste er sich denn auch einmal von einer Leserin sagen lassen, sie sei überzeugt davon, dass er leidenschaftlicher schreibe, als er lebe. »Womit sie auf etwas sehr Eigentümliches, das sie ahnen mochte, anzuspielen beliebte«, fügt Walser amüsiert hinzu. Deshalb meiden die männlichen

Verehrer in vielen seiner frühen Liebesgeschichten auch jede intimere Annäherung an das Objekt ihrer Verehrung, wie Walser selbst, der seine Hingabe ungeteilt seinen Büchern zukommen lassen wollte, gewiss aber auch aus Angst vor Passivität und Stillstand. Ein Mann sei schöner, schreibt er, »wenn er bewundert, als wenn er sich bewundern lassen muss. Liebenlassen schickt sich weniger für ihn als lieben, weil ersteres abwartend, letzteres tätig und voranmarschierend ist«. Außerdem, heißt es an anderer Stelle, seien diejenigen, die selber lieben, ja die viel Glücklicheren als die, die geliebt würden, stets einer noch unvorhersehbaren Zukunft und Entwicklung zugewandt. Die vorhersehbare Zukunft aber wäre die Einzäunung der Liebe in die herkömmliche Institution der Ehe. Diesem Thema wendet sich mit zahlreichen Varianten eine weitere Gruppe der Liebesgeschichten Walsers zu.

Ebenso wie er es nie sehr lange an ein und demselben Wohn- und Arbeitsplatz ausgehalten hat, als er sich noch in Banken, Schreibbüros und Versicherungen den Lebensunterhalt verdienen musste, um seine Schriftstellerei zu ermöglichen, vermag er sich auch im Privatleben nicht auf lange Sicht festzulegen. »Soll mir nichts Sonstiges gefallen, weil mir eines so sehr gefiel?«, fragt er sich in der Erzählung »Manuel«. Oder an anderer Stelle: »Es ist, wie ich gerne zugebe überaus erheiternd für mich, treu und treulos zu sein. Indem ein Treuer einer andern treu ist, wird er treulos.«

Der Verlust von Freiheit und Unabhängigkeit und das Wissen um die Flüchtigkeit und Unfixierbarkeit des Glücks sind immer wiederkehrende Motive in diesen Geschichten.

Das Feuer der Liebe »im weichen Kerker der Ehe« domestizieren zu wollen ist für ihn eine Illusion, die dazu führt, dass die Eheleute seiner Erzählungen in jenes lähmende Gleichmaß verfallen, das sich in einer »Treue bis in alle Abgelebtheit« oder in einem »Möbelwagen voll grauenerregender Ehrbarkeit« erschöpft. Stets nimmt er dabei Partei für die Frauen. »Was schadet es«, schreibt er, »wenn ich die Frauen lobe? Wenn ich eine Frau wäre, würde ich die Männer loben.« Den Befreiungsversuchen der Frauen aus der Leibeigenschaft, besitzergreifenden Anmaßung und Launenhaftigkeit ihrer Männer gilt seine besondere Aufmerksamkeit und Sympathie. Er stattet sie aus mit Einsichten wie dieser: »Der Gatte besaß mich in geringerem Grad, weil er mich besaß. Er genoss mich nicht halb so sehr wie der, dem jeder Genuss verboten schien.« (»Die Geliebte«) Solche Verstrickungen sind ihm vertraut. Denn als Künstler ist ja auch er ständig genötigt, die lähmenden Konventionen und Tabus, in welchen er seine Mitmenschen befangen sieht, zu durchbrechen, nicht aus Mutwillen, sondern weil ihm gar nichts anderes übrigbleibt, wenn er nicht abstumpfen, die Augen verschließen, sondern das, was ihn umgibt, lebensnah wiedergeben will.

Diese für Walsers frühe Jahre so charakteristische Haltung der Unabhängigkeit und Ungebundenheit, die fast allen Künstlern vertraut ist, weil sich Eingrenzung und Kreativität in der Regel ausschließen, ändert sich jedoch mit zunehmendem Alter zum Wunsch, ja Bedürfnis, mit einem Partner zusammenzuleben. Die Briefe des Vierzigjährigen an die fast gleichaltrige Frieda Mermet, die Freundin seiner Schwester

Lisa und »Oberbefehlshaberin« der Wäscherei von Bellelay, sind dafür besonders aufschlussreich. »Würde es Ihnen Vergnügen machen, liebe Frau Mermet«, schreibt er am 7. August 1918, »mich mit Haut und Haaren zu besitzen?« Und ein Vierteljahr später wiederholt er seinen Antrag: »Ich stelle es mir schön vor, Ihr Mann zu sein.« Die verwitwete Frieda Mermet ist nicht darauf eingegangen, doch blieb sie bis zu Walsers Einweisung in die Nervenheilanstalt von Herisau, was sie immer für ihn war, die hilfsbereite Freundin und Adressatin seiner vertraulichsten Briefe, in welchen ihre hoffnungsvolle Rolle als mögliche Gattin Walsers nach und nach in die einer Mutterfigur abgewandelt wurde.

Vermutlich war es diese Zurückweisung Frieda Mermets, die bei Walser jenes uneingestandene Trauma ausgelöst hat, das eine allmähliche, aber tiefgreifende Veränderung seines Verhaltens zur Folge hatte. Sie kündigt sich ein Jahr nach seiner Übersiedlung von Biel nach Bern in einem Brief an den Maler Ernst Morgenthaler an, bei dem er kurz zuvor für 14 Tage zu Besuch war und dessen 17-jähriger Hausangestellten, in deren »Schönheitsansammlung ich den vortrefflichen Einfall hatte, mich zu verlieben«, Walser auf unmissverständliche Weise den Hof gemacht hatte: »Da ich nicht verheiratet bin, es aber eigentlich bald sein sollte, so glaube ich mich auf die Füße machen zu sollen, damit gelegentlich wahr wird, was längst Wahrheit sein sollte, und ich eine Frau kriegte, kein leichtes Experiment, aber wohl auch kein allzu unmögliches und schweres.« (Brief vom 28. März 1922)

Während er sich in den acht Jahren, die er in einer Mansarde des Bieler Hotels »Blaues Kreuz« verbrachte, noch gegen die Zudringlichkeit der Zimmermädchen und »Hotelgouvernanten« wehren musste, macht er jetzt plötzlich die Erfahrung, dass die Entscheidungsfreiheit nun nicht mehr bei ihm liegt und seine zunehmende Bereitschaft, eine Ehe einzugehen, kein Gehör mehr findet. Auf ergreifende Weise schlägt sich dieser Prozess einer allmählichen Verunsicherung in vielen seiner Liebesgeschichten nieder, die in der Mitte der zwanziger Jahre entstanden sind, also in den Jahren vor seiner Einweisung in die Berner Heilanstalt Waldau. Der zuvor so unanfechtbare Beobachter Robert Walser, dessen »subtile Bemerkungen über die Liebe und die Frauen sich der Hellsicht eines Menschen verdanken, der die Verstrickungen der anderen sieht, selber aber nicht verstrickt ist« (Rudolf Hartung), ist plötzlich auf qualvolle Weise selber verfangen und doppelt gepeinigt durch die Zensur seiner schonungslosen Selbstbeobachtung: »Er staunte sich mitunter an, als bestände er aus Zweien, aus einem hochnäsigen Beurteiler und einem [...] armen Schlucker [...] Er verachtete sich um seiner Liebe willen. Liebe war entschieden etwas Blödes. Leiden, das ja mit Lieben ein bisschen verbunden ist, erschien ihm ganz einfach ekelhaft und saudumm und dann doch beinah wieder gottvoll.« Diese Passage aus der Erzählung »Edith's Anbeter« ist charakteristisch für jene Gruppe autobiographischer Liebesgeschichten, die in den Jahren vor seiner Einweisung in die Nervenheilanstalt entstanden sind. Fast verschwunden ist plötzlich die ironische Leichtigkeit, die spielerische Unanfechtbarkeit und souveräne Distanz der früheren Sichtweise. Die Gestalt der Edith, der wir in zahlreichen seiner Berner Arbeiten – nicht nur in den Liebesgeschichten – begegnen, treibt die bisher latente Krisis auf die Spitze. Ihr Urbild ist eine jener Berner »Saaltöchter«, auf die Walser in seinen Briefen nur versteckt (»da mich Diskretion beglückt«), in seinen Dichtungen aber umso offener zu sprechen kommt. Ihr abweisendes Verhalten wirft ihn in ein Stadium der Abhängigkeit von der Erwiderung seiner Gefühle zurück, das ihm als »Intellektbesitzer« unerträglich ist: »Was ein Mädchen für eine Macht hat«, schreibt er damals, »hätte ich nie vorher gedacht [...] Nie werde ich nachher wieder lieben. Sie machte mich zum Kind [...] Wäre ich Edith, so würde ich mich aufsuchen, aber sie denkt gar nicht daran [...] Liebe macht kindlich, und durfte ich mir erlauben, so zu verarmen? [...] Denn bei aller Hingebungslust lebt der Wunsch in mir, dass man mich achte [...] Ich kann mich niemand anvertrauen als mir, denn nur ich versteh mich zu lenken, und so muss ich mich fügen.« (»Parzival schreibt an seine Freundin«)

Eine letzte, verzweifelte Anstrengung, sich nicht zu fügen und das Steuer wieder in die Hand zu bekommen, unternimmt Robert Walser 1925 mit der Niederschrift des »Räuber«-Romans, einer einzigartigen »Liebesgeschichte«, die ebenso wie die kürzeren Schilderungen aus jenen Jahren sein Berner Edith-Problem zu lösen versucht. Beobachter und zugleich Objekt dessen, was er nun an sich selbst wahrzunehmen genötigt ist, gerät er in eine Bewusstseinsspaltung, die sich nicht mehr wie bisher durch ihre Darstellung bewältigen lässt, sondern sich im Verlauf der Niederschrift zunehmend vertieft. Es ist bezeichnend, dass er keine Reinschrift des »Räuber«-Romans hergestellt, geschweige denn einen Versuch unternommen hat, dafür einen Verleger zu finden.

Obwohl im Lauf seines Lebens von den Verlagen mehr als zwölf Buchprojekte abgelehnt wurden, hatte ihn bisher die Gewissheit vom Wert seiner Arbeiten – aller äußeren Misserfolgen zum Trotz – in einem labilen, doch leidlichen Gleichgewicht gehalten. Diese Balance geht ihm nun verloren und bewirkt eine Haltlosigkeit, die auch das Vertrauen in seine Arbeit erschüttert. Denn bis dahin war er niemals in eine so existentielle Abhängigkeit von der Achtung anderer geraten wie jetzt, fast 50-jährig, durch seine Liebe zu der Frau, die er Edith nennt. Empfindlicher als je zuvor reagiert er von nun an auf alle Enttäuschungen mit Redakteuren und Verlegern. Ja, er konstruiert sich sogar einen Zusammenhang zwischen seiner privaten und seiner publizistischen Misere und notiert mit bitterem Spott: »Ich glaube folgendes: Mein Geist wird im Ehebett seine Auferstehung feiern [...] Ich soll wohl zu einer Ehehälfte wie zu einem Kunstwerk kommen. Das beste wird sein, ein Kind zu zeugen und das Produkt einem Verlag anzubieten, der es kaum ablehnen wird.« (»Kurt«) Und an Max Rychner, damals Redakteur der schweizerischen Kulturzeitschrift »Wissen und Leben«, schreibt er: »Sie sind Anhänger von möglichst nur verheirateten Dichtern. Für mich Junggesellen ist das natürlich etwas bedenklich.«

Überflüssig, zu sagen, dass hinter solchem Galgenhumor die verzweifelte Erkenntnis steht, dass Walser, sosehr er sich jetzt eine feste Bindung wünscht, einer Frau im Grunde gar nicht zumuten kann, ein Leben zu führen, wie er selbst es bisher durchzuhalten gezwungen war: ein Leben äußerster Armut und Anspruchslosigkeit. Aber nicht nur die materielle

Notlage, bedingt durch die nachlassenden Publikationsmöglichkeiten und schäbigen Honorare, macht ihm zu schaffen. Immer wieder, am deutlichsten in seinem Konflikt mit der Edith-Gestalt, tritt eine noch kompliziertere Problematik zutage: Wo er liebt, braucht er nicht noch den zusätzlichen Reiz der Sexualität. Hier wie überall reagiert er so sensibel, dass es keiner physischen Steigerung mehr bedarf. Diese Disposition, die den meisten Menschen nach ihrer Pubertät verloren geht, hat sich Robert Walser zeitlebens bewahrt. So schreibt er in einer Geschichte mit dem bezeichnenden Titel »Edith und der Knabe«: »Das Dumme ist, dass ich sie nicht – begehre, sondern sie bloß entsetzlich liebe.« Auch im »Räuber«-Roman ist dies eines der zentralen Motive, das am gründlichsten in dem großartigen Selbstgespräch des »Räubers« vor seinem Arzt angeschnitten wird: »Aber nun liebe ich, bei all diesen Wesensverzweigtheiten ein Mädchen und zwar rein und herzlich, mächtig und zugleich sanft, so wie's sich für einen braven Menschen schickt, aber meine Sinne sind dabei völlig ruhig, und ich bin aus diesem Grund vor ihr ohnmächtig.«

Dabei ist Walser für erotische Verlockungen nicht weniger empfänglich als für alle anderen Reize. Das beweisen seine Schilderungen ebenso wie seine Briefe, in welchen sich Formulierungen finden wie »Mädchen sind um so hübscher, mit je weniger sie sich bedecken«, oder Beobachtungen von Liebenden, die sich mit »vor Lust jubelnden Augen [...] langanhaltend und sündhaft sorgfältig bezüngeln«. Doch gibt er sich mit dem Genuss des Beobachtens vollauf zufrieden, und einmal mehr fällt ihm an seinem Verhalten der Kontrast zu seiner Umwelt, nämlich seine »alle Besitzlust rund verweigernde Wunschlosigkeit« auf. So muss er sich (im Dialogstück »Schwäche und Stärke«) angesichts seines sexuellen Unvermögens beim Besuch eines Bordells fragen: »Kann sich ein Befriedigter befriedigen gehen? Ich wurde geboren, um ohne Not zu sein, und da ich der Mädchen nicht bedurfte, dachte ich nach, wie's mir möglich wäre, mich trotzdem mit ihnen abzugeben.«

Es wäre anmaßend, diese wie alle anderen Normwidrigkeiten im Verhalten Robert Walsers, die den unverwechselbaren und subversiven Reiz seiner Bücher ausmachen, als krankhafte Anomalien oder gar als Symptome einer angeblichen Geisteskrankheit abzutun. Zwar fühlte er sich aufgerieben durch die Demütigungen seiner doppelten Erfolglosigkeit, als ein »Räuber« und Schmarotzer der Gesellschaft. Nachdem er vergeblich versucht hatte, seine Verzweiflung mit Alkohol zu betäuben, und sich nachts von Leuten verfolgt glaubte, die ihn verhöhnten und mit Würgegriffen bedrohten, dachte er an Selbstmord. Doch lässt sich dabei wohl kaum von einer endogenen Krankheit sprechen, die eine Entmündigung und seit 1929 seine lebenslange Internierung in Heilanstalten gerechtfertigt hätte. Alle seine Briefe, die ärztlichen Diagnosen aus den Anstalten Waldau und Herisau, die überlieferten Äußerungen von Walser selbst und nicht zuletzt seine schlagfertigen, geistreichen und kenntnisreichen Gespräche während seiner von 1936 bis 1955 unternommenen Wanderungen mit Carl Seelig machen das Gerücht von seiner angeblichen Unzurechnungsfähigkeit höchst anfechtbar. Denn inzwischen wissen wir, dass er sich dem Wunsch der Schwester nur ungern gefügt hat, einer Einweisung in die Heilanstalt Folge zu leisten, und dass er dort schon einen Monat später versuchte, baldmöglichst wieder entlassen zu werden, um weiterarbeiten zu können. Denn nicht jeder Vogel kann in Gefangenschaft noch singen. Wir wissen, dass er sich erst recht 1933 seiner Überführung nach Herisau widersetzt hat. Ja, seine Briefe erlauben sogar den ironisch-paradoxen Schluss, dass er sich in der Irrenanstalt »normaler« als zuvor in der Freiheit verhalten hat, dass er sich dort noch angepasster und fügsamer verhielt als die Mehrzahl der sogenannten Gesunden, allerdings auch genauso steril und unkreativ wie diese. Dass er sich schließlich doch mit diesem Schicksal abgefunden hat, rechtfertigt keineswegs seine jahrzehntelange Internierung. Denn Walsers Anpassungsbereitschaft rührte ja nur daher, dass er sich durch die Versorgung in der Anstalt wenigstens sicher fühlen konnte, nicht erneut jenen Zumutungen ausgesetzt zu sein, die ihn vorher in die Anstalt gezwungen hatten. Wenige haben das so klar durchschaut wie der 80-jährige Hermann Hesse, der – angesprochen auf Walsers Internierung – bemerkte: »Der hat recht gehabt, sich um die Welt keinen Pfifferling mehr zu kümmern und sich in die Heilanstalt zurückzuziehen. Die Schweiz mit all ihren Professoren und Radio-Direktoren mit ihren gutbezahlten Posten, von denen kein einziger auch nur einen Satz so gutes Deutsch wie Walser schreiben kann, hätte ihn ruhig verhungern lassen, wenn er sich nicht in die Irrenanstalt gerettet hätte.« Den reizbaren Zeitgenossen Robert Walser konnte man auf diese Weise abschütteln, sein Werk aber lässt sich mittlerweile nicht mehr einsperren.

Deutlicher als zu seinen Lebzeiten wird heute allmählich sichtbar, warum er gar nicht gefälliger sein konnte. In bewusstem Gegensatz zu den literarischen Sentimentalitäten seiner Zeit entwarf er ein Werk, das man als eine einzige große Liebeserklärung verstehen kann. Denn er »pflegte einen vertraulichen Umgang mit allem, was kein Mensch merkt«. Er sah das Besondere im scheinbar Selbstverständlichen und befreite es vom Rost der Trivialität und Allgemeinplätze, um ihm eine sprachliche Leuchtkraft zu verschaffen, die es uns ganz neu wahrnehmen lässt, dank seiner Kunst der kühnen und unvorhersehbaren Assoziationen, die uns Zusammenhänge bewusst machen, die wir zu trennen dressiert werden. Obwohl Walser selbst einmal gesagt hat: »Lieben ist ein Verschwenden, Kunst ein Sparen. Es gibt für mich keine gehässigeren Gegensätze«, enthält sein eigenes Werk einen solchen Reichtum an Liebes- und Begeisterungsfähigkeit, dass für uns Leser die Gehässigkeit dieser Gegensätze aufgehoben wird.

Auch auf Robert Walser trifft zu, was er selbst einmal über Conrad Ferdinand Meyer schrieb: »Unser großer Schweizerdichter […] saß auch zeitweise in einem Sanatorium für geistig nicht ganz mehr so recht auf der Höhe Stehende. Jetzt feiert man dieses armen Menschen hundertsten Geburtstag mit Ansprachen und Gesangsdeklamationen. Und er wagte einst kaum die Feder in die Hand zu nehmen, aus Furcht, er wäre ein lumpiger Stümper.«

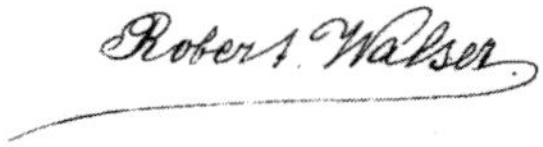

Volker Michels, geboren 1943 in Villingen, wurde als Herausgeber zahlreicher Editionen von zu Unrecht vernachlässigten Autoren des 18. bis 20. Jahrhunderts bekannt, insbesondere des umfangreichen literarischen, brieflichen und bildnerischen Nachlasses von Hermann Hesse. Michels verbrachte die Gymnasialzeit in der Schule Schloss Salem und studierte nach dem Abitur Medizin und Psychologie in Freiburg und Mainz. 1969 engagierte ihn Siegfried Unseld, der Verleger des Frankfurter Suhrkamp und Insel Verlags, als Lektor für deutsche Literatur. Neben seiner fast vierzigjährigen Redaktionsarbeit veröffentlichte er dort und in anderen Verlagen etwa 150 thematische Editionen und betreute die Werke von Ernst Weiß, Friedrich Michael, Martin Beheim-Schwarzbach, Ernst Penzoldt und Robert Walser. Darüber hinaus initiierte er die bei S. Fischer erschienenen Werkausgaben von Stefan Zweig und Manfred Hausmann.

2013 wurde Volker Michels von der Heinrich-Heine-Universität Düsseldorf mit der Ehrendoktorwürde und 2014 mit dem Ehrenpreis der Calwer Hermann-Hesse-Stiftung ausgezeichnet.

Schwerpunkt seiner publizistischen Aktivitäten war von Anfang an die Erschließung der unveröffentlichten Werke des 1946 mit dem Nobelpreis ausgezeichneten Hermann Hesse. In Sammelbänden wie »Politik des Gewissens« und »Die Welt im Buch« legte er erstmals die in etwa 60 in- und ausländischen Zeitungen und Zeitschriften verstreuten politischen und kulturkritischen Schriften des Dichters vor, ebenso zahlreiche Briefwechsel, Themen-, aber auch Materialienbände zur Entstehungs- und Wirkungsgeschichte seiner Werke sowie Sammlungen der wichtigsten Sekundärliteratur. Mit einem 2007 erschienenen Registerband schloss Michels die erste, 21 Bände umfassende Hesse-Gesamtausgabe ab, die etwa das Doppelte von dem umfasst, was der Dichter zu Lebzeiten in Buchform vorgelegt hat. Seit 2008 arbeitet Michels an einer auf 10 Bände angelegten Ausgabe von Hermann Hesses Briefen, die als Ergänzung der »Sämtlichen Werke« konzipiert ist. Auch dem Werk des Schweizer Dichters Robert Walser ist Volker Michels seit fünf Jahrzehnten verbunden. Einige Jahre verhandelte er mit den Inhabern der Rechte, der Carl Seelig-Stiftung und dem Kossodo Verlag über eine effizientere Betreuung und Verbreitung seines Werkes. 1977, rechtzeitig vor Robert Walsers 100. Geburtstag, konnte der Suhrkamp- Verleger Siegfried Unseld einen entsprechenden Vertrag abschließen. Er beauftragte Volker Michels, in Zusammenarbeit mit dem Walser-Herausgeber Jochen Greven eine 20-bändige Werkausgabe zu konzipieren, die 1978, pünktlich zum Jubiläum erschien. Gleichzeitig hat Volker Michels Robert Walsers originellste Aussagen zu akuten Lebensfragen ermittelt und in einer Sammlung unter dem Titel »Lektüre für Minuten« veröffentlicht, dazu einen Themenband mit Walsers »Liebesgeschichten« und 1981 eine Robert-Walser-Sprechplatte mit Glanzstücken aus seinen Werken, vorgetragen von Gert Westphal.